佳川奈未
*Nami Yoshikawa*

# 金星☆生命体 レワードとの交信記録

高次元とつながり、幸せに豊かに生きる方法☆

ヒカルランド

# 光に向かう「まえがき」

## 〝あますところなく、伝えるべきことをいまこそあなたに！〟

### 高次からのメッセージは、人間の生き方への思いやりに満ちていた

もはや、わたしは、確信のもと、この本を書いている。嘘か本当かなど、誰かと、議論するつもりなど、一切、ない！　というほどに。

なぜなら、ここにあることは、わたしの現実に起こった真実であり、高次元から届けられたその内容は、作家として、いや、人として、伝えずにはいられないメッセージ性の強いものばかりだったのだから！

誤解のないよう言っておきたい。わたしはなにも、自分が特異な経験をしたと言いたいわけではない。

その経験の中でやってきた言葉やメッセージが、危機感を抱くいまの地球に住むすべての人間たちに役立つのではないかというものばかりで、いまなお、感動しているということだ。

2017年12月2日――その日から、突如、わたしが、交信することになった金星☆高次元生命体は、かなり波動が高い存在であり、あちらがこちらの波動領域まで降りてきて、やっとコンタクトが可能になったのだ。

その交信中、言葉やメッセージは、いつも、超ハイ・スピードで送られてきた。

最初、そのスピードについていけず、なんという早口の存在だろうと思っていたが、そうではなかった。それは、長いこと彼がそうしてはいられないから、つまり、長時間、波動を落として人間の領域に滞在してはいられないからであり、それゆえ、ときどき、消えかけては、彼は続けた。

とにかく、超ハイ・スピードでそれはやってくるので、ひとたびそれがやってきたなら、何をおいても、わたしはそこらへんにある何かにあわてて書きとめるか、パソコンに向かって打ち続ける以外、なかった。

打ち終わって気づくことは、時間経過の速さだ！

そのときいつも、わたしには、現実的な時間の感覚がなくなっており、いつでも、あっという間に、それが終わっているのだから。

ああ、10分くらい、パソコンに向かったかな？　と、そう思って、パソコンを閉じ、やれやれと落ち着き、ふと時計をみたとき、いつもわたしはびっくりしたものだ。

というのも、まだ昼過ぎくらいだろうと思っていたのが、時計をみると、もう、とっくに夕方の時間になっているのだから！

その間、わたしは、トイレにも立っていない。何も食べていない。

でも、まったく疲れていない!!

こんなことがあるのか!!　いや、しかし、それこそが高次元のエネルギーにふれた際の不思議で感動的でもある状態なのだ。

そして、それこそが大いなる愛と思いやりに満ちたあたたかい高次元エネルギーに包まれているときの至福の状態だったのだ！

メッセージがやってくるとき、わたしはいつもうれしかったし、幸せだった♪

ずっと、そうしておきたいと思うほどに！

そんな、〝時間の感覚〟のない状態の中で受け取ったメッセージは、超ハイ・スピードなものであっただけに、わたしは、たった5回、机に向かっただけで、この本を書き上げてしまった。

たいがい、わたしは本を書くのは速いほうだ。いつもの仕事であるだけに、慣れたもので。が、それでも、さらに速い感覚だった。といっても、彼の方ではまだまだ伝えたいことが山ほどある！　というような感じだったわけだが。

ちなみに、高次元の存在といっても、金星☆高次元生命体の彼は、巷《ちまた》でイメージされている宇宙人のようなものでも、人型をしたいびつなスタイルの生き物でもない！そんな、漫画チックな感じではない。

その高次の生命体は、一度ふれると忘れることができない高揚をともなう至福をくれる、まばゆいばかりの光のエネルギーであり、高い周波数を持つエネルギーボディー!!　それは、人間の中に最初からある高次機能領域とつながっている意識体の一部でもある！
光であって、姿はない。が、こちらにあわせて、イメージビジョンを示すことはできるのだ！　そして、彼は、そうして見せてくれた……その感動の姿とは⁉

ここから本文に入って、すべてを知ってほしい‼

さて、その彼が伝えてくることは、人間の生き方に役立つことばかりであり、なにひとつ、奇をてらったものや、解読不可能なものは、ない！
もちろん、「われわれは、宇宙人だ」などと、声を震わせながら現れるというようなことも、ない！

高次の彼は、むしろ、人間をよく知っており、それゆえ、サポートできるという、あたたかい申し出を何度も伝えてきた！

ありがたい限りだ。家族のようなものだとね。

さて、この本を手に取ってくださった方々なら、きっと、こういう、「目に見えない世界」のことに、少しは興味と理解を示してくださっていることだろう。

そのとき、**最も、理解していただきたいのは、「目に見えない世界」が「目に見える世界」の背後に確かにあり、わたしたちはみんなエネルギーレベルで、宇宙規模でつながっており、それゆえ、平和に調和することで、愛と理解と思いやりを持っておくことで、すべてが存在することができるのだという、真実！**

そして、その真実の最たるものこそ、あなたの中に「目に見えない心」があって、あなたという「存在物」がそこにいて、「目に見える現実」のすべてを創造している！
ということだ。

あなたにとっての最も近い「目に見えない世界」こそ、あなたの心であり、そこと良いつながりを持つことで、いくらでも、高い次元にシフトできるのだ！

金星☆高次元生命体の彼からの言葉やメッセージによって、あなたの心がピュアに、まぶしく輝いたとき、きっと、あなたのもとにも、素晴らしい高次からの贈り物が届くことになるだろう！

目に見えるとか、見えないとか、そういう垣根を超えて♪

２０２４年　３月

ミラクルハッピー　佳川奈未《よしかわなみ》

# 金星☆生命体レワードとの交信記録
## 高次元とつながり、幸せに豊かに生きる方法☆

Resonance2☆

## 目覚めた者たちから、うまくいく☆

——天に使われるべき人たちよ、魂をベースに、良いものだけを発信せよ！

Resonance3☆

## あなたを救う〝高次からの導き〟がある☆

――あなたはいつも導かれている！　そしてその先で誰かを導く人となる！

愛を込めた「あとがき」



カバーデザイン　吉原遠藤
画像　Bram Janssens©123RF.com

*Resonance 1*

# 地球再生の<br>スターティング・メンバーたちへ

金星☆生命体レワードからの
優しく美しいメッセージ！

## ✦ それは、2017年☆ある日、突然、やってきた!

こんなことが、現実のこととして起こるということなど、誰が信じられただろうか。家族に話したところで、最初のうち、誰も信じてはくれなかったのだから。いや、それどころか、それを体験した本人であるわたし自身、そのとき、それを信じがたい気持ちになっていたのだから。

最初、わたしは、無視しようとした。聞こえたその声を、空耳なのだと。

しかし、次の瞬間、それは、わたしの中をものすごい光の衝撃で貫き、まったく体験したことのないような、バイブレーション（振動）でわたしをすっぽり包み込んだ。といっても、それは、決して、ジンジン、ビリビリするようなものではなく、どちらかというと、ふわふわで、あたたかい、空気の真綿でくるまれたような、深いやすらぎと癒しと大きな安堵《あんど》と、なぜかうれしくなるような素敵な高揚感をくれる、そんな不思議で繊細なエネルギーだった。
それは、あまりにも、あたたかく、優しいものであったため、わたしはそれが〝無条件の愛のバイブレーション〟だと、一瞬でわかった。

その日からのことを、わたしは、誰になんといって話せばいいのか、どう書き残せばいいのかと、ずっと考えていた。
どう伝えれば、こんなことが本当にあることを信じてもらえるのかと。

本当に、本当に、悩んだ……もはや、悩みすぎて、もう、そんなことはなかったことにしよう！　忘れてしまおう！　ともした。が、そうしようとすると、なぜか、ひどく大きな哀しみに襲われ、絶望に近いほどの気分の落ち込みを感じた。この感情は、何？　いったい、どういうこと？

しかし、ある瞬間、ふと、こうわかった。

「ああ、そうか……信じてもらう必要などなかったのかもしれない」と。

誰がこれを信じようが信じまいが、そんなことには関係なく、わたし自身に起こった体験は、現実のことであり、真実であるのだから、その本当のことを、素直に、そのまま書き記せばいいだけなのだと。

そうわかった瞬間、それまで感じたことのないような、なんともいえない大きな解放感と、深い、優しい、大きな安堵の光に包み込まれた。

そして、なぜか、涙がとめどなく、とめどなく、あふれた……

それは、まさに、声の主がわたしにくれた、「そうするだけでいいんだよ」というかのような思いやりに満ちたものであり、声の主とわたしが無言のうちに通じあったことからくる深い安らぎだった。

そして、実際、声の主は、それ以降、わたしとつながり、寄り添ってくれるようになった。

この混乱も、とまどいも、不安も、これを告白する勇気も、〝すべて、理解しているよ〟とでも言うかのように、〝一緒に進もう！〟と言っているかのように。

だから、わたしは、ここに記す！

そう、２０１７年12月2日（土）、あの日から始まった金星☆高次元生命体・レワードとの交信記録を！

## 応答せよ☆君は魔法が使えるんだね⁉

２０１７年12月2日（土）、ファースト・コンタクトは起こった！

その声は、突如、降りてきた。

それは、わたしが、東京都内で、『レイキ・アチューメント』の個人セッションをしていた日のことだった。

（※『レイキ・アチューメント』とは、その人と宇宙をつなぐ霊的回路をひらくエネルギーワーク。「目に見えない世界」と「目に見える世界」を、エネルギーを通してつなぎ、理想的な自己変容を起こし、望む人生を叶えていくための高次のヒーリングテクニック。約１００年も続いている王道ヒーリングであり、代替療法としても広く活用されているもの。

また、現象化の原因の世界と、現象が起こる結果の世界をつなぐ働きを持っている

もので、わたし自身、その高い作用に魅了され、もう30年以上行っている）

実は、その、セッションのラストのお客様へのワークを終え、お茶をお出しし、ほっとしたそのとき、最初の言葉は投げかけられたのだ。

**「応答せよ！　応答せよ！　君は魔法が使えるんだね⁉」**

その声は、若い男性のような、爽やかなものだった。が、最初の一声は、とても驚いた様子だった。まるで、〝目に見えない世界へアクセスする方法を持つ人間がこの地上にいるとは⁉〟という感じで。彼の言う魔法というのがなんのことだか、わたしにはすぐにわかった。

そのとき、わたしは、レイキのエネルギーを扱って、「目に見える世界」と「目に見えない世界」を、行き来していたわけだから。

魔法といえば、魔法かもしれない。

しかし、まだ、お客様がここにいる……〝こんなセッション中に何？　誰？　対応できるわけないよ〟と、わたしが心の中で何気なくつぶやいたことを、彼はすぐに察知したのか？　その後、声は消えた。

それゆえ、「ああ、やっぱり、空耳だったのかも」と、軽く片付けたものだ。

そして、セッションも無事終わり、わたしは秘書とともに会場をあとにし、その日、泊まることになっていたホテルへと入った。

仕事後の心地よい疲れと解放感に浸りながら、今夜はホテルでゆっくりくつろぎ、ワインでも飲もうと、ひとり、部屋のテレビをつけ、ワインの栓をあけようとした、まさに、そのときだった。

「応答せよ！　応答せよ！　地球が大変なことになるんだ！　世界がおかしくなる前に、なんとかしなきゃいけない！　君たち、地球人の理解とサポートが必要なんだ‼　どうか、聞いてほしい‼」

えっ⁉　なにごとが起こった⁉

突然、飛び込んできた内容は、あまりにも大きすぎることで、こんな一個人のわたしになど、どうすることもできなさそうなものであったがために、対応の仕方がまったくわからなかった。

……ああ、いまのは、聞かなかったことにしよう‼

わたしは、やってきたそれを、「無視する！」と決め、再び、ワインを手にした。

すると、今度は、さっきよりも切羽詰まったような、真剣な声で、それはこう言った。

「応答せよ！　応答せよ！　なみ、僕と交信してくれ！　交信してほしいんだ！」

確かにそれは、はっきり、聞こえた‼　相手は、わたしの名前をも、はっきりと呼んだのだ。

## 金星からきたレワードは、愛と正義の司令官

確かに相手は、わたしの名前をはっきりと呼んだ！

知っているの⁉ もしかして、わたしのことをすべて……

しかし、わたしは、それでも、最初のうち、まだ得体の知れないその者と、「かかわりたくない！」としていた。それゆえ、その声を掻き消すかのようにして、ワインの栓をポンッと抜いた。そして、おいしそうなルビー色の液体を躊躇《ちゅうちょ》なくグラスに注いだのだ。

……ああ、いい香り……チェリーとアーモンドの混じったような、甘く香ばしく、華やかな、好きな香り……それが、少し心を潤し、うきうき刺激した。

注いだ赤ワインをひとくち飲もうとしたその瞬間、今度はもっとはっきりとした声

が、確かな〝意図〟を持っているかのように、こう言った。いや、それはもう、叫んだという感じだった。

「なみ！　僕と交信してほしい！
お願いだ、交信してくれ！」

**その声は、圧倒的な存在感を持っていたため、わたしは、もはや、無視することができなかった。いや、絶対に無視してはならない！　という気持ちにさせられ、反射的にこう聞いてしまった。**

「あなたは、誰？」

そう聞きつつも、なぜか、その存在に対して、わたしの中には何の不信感も、恐れも、怖さも、怪しさも、なかった。

というのも、それは「なみ、僕と交信してくれ！」という切実なものを放ったと同時に、わたしの中に、これまでの人生で、一度も感じたことのないような非常に高く、高貴な、かつ、甘く深く優しい思いやりあふれる素敵なエネルギーで、わたしをすっぽり包み込んでくれたからだ。

そして、その高貴な、大きな愛のバイブレーションを放ったまま、その存在は、こう答えた。

「僕は、地球外生命体！」

「地球外って？　どこから来たの？」

「金星！
地球からはるか遠く離れた第二惑星からさ」

「第二惑星？　なんなのそれ？　どんな星なの？」

「ガイアの世界だよ……

そこは、〝愛と正義の惑星〟であり、僕はそこの司令官！」

そして、続けてこう言った。

「僕は君を救えるんだ！　僕は君を救える‼」

その声を聞いたとたん、わたしは思わず、泣き出してしまった。

なんのことかを、わかったからだ。

その時期のわたしには、ひとり抱えているある問題があった。が、けなげに明るく、気丈に、毎日をがんばっていた。その日も、めいっぱい仕事をしていた。

公私ともに、「本当にこれでいいのだろうか……」と考えさせられることもあり、世の中にも絶望しているところがあったのだ。

わたしは、疲れていたし、無力さを感じていたのは、確かだった。

**「僕は君を救えるんだ！　僕は君を救える‼」**

**なぜか、彼は、同じ言葉を2回言った。わたしに念を押すかのように。**

それを聞いたとき、彼が、やっと現れたわたしの救世主に思えた。

その声は、とても頼もしく、本当にうれしかった！　と同時に、注目すべき大切な何かがそこにあると、わたしは直感した！

そして、彼が、わたしを救えるということは、なにか、そこから、救われたわたしにできることがあり、それを通して、何か役立つことができるということなのか⁉と、彼の話をさらに聞きたい気持ちになっていた。

そして、次の瞬間、より深い安堵に包まれ、大粒の涙がわたしのほおをつたった。
そして、そんなわたしの前に、彼は、そっと、ゆっくり、自分の姿を現した！
それは、なんともいえない品格に満ちた、とても、とても、美しい姿をしていた
……

ああ、そこからのことを詳しく語る前に、まず伝えておきたいことがある。

それは、**彼との会話はすべて、心の中で行われたということだ。**

最初、彼からの呼びかけをわたしが聞いたとき、その声は、言葉は、耳に聞こえたというか、心の中に入ってきたというか、空間に響いたというか、なんともいえないニュアンスの中、それでもはっきりわかったという不思議なものだった。
この世の者ではない声といった方がいいだろう。

そして、次に、わかっておきたいことは、「あなたは、誰？」と聞いたのは、わたしの〝心の中〟だったということだ。しかし、彼はそれにすぐさま答えた。

そのとき、はっきり、わかった！

「ああ、彼は、人の〝心の中〟の声まで、ダイレクトに聞くことができる、瞬時になんでもわかってしまう、非常に高い能力の持ち主なんだ！
それゆえ、彼には、わたしの、いや、人間たちの、心の中のすべてが、そのままストレートに見え、聞こえ、わかり、通じてしまうのだな」と。

それは、高次元の存在ならではの能力であり、一瞬でつながれるということ！

まさに、「テレパシー」!!

そして、ここからすべてが、テレパシーで行われることになるのだと、わたしは悟った。

さて、そんな高次な彼の姿とは……

## ファースト・コンタクト☆金星生命体レワードとの遭遇!!

それは、一瞬で、魅了されるほどの、なんともいえない、とても、とても、美しい姿だった……

彼は若い男性の姿をしており、肌は透き通るように白く、髪も透明に近い黄色系の金髪に光る素敵な色をしていた。
また、目は、透明に近い淡いコバルトブルーで、その限りなく澄んだ、美しい瞳と、こちらに向けられたまなざしは、なんともいえない大きな愛に満ち、深い、深い、慈悲をたずさえ、みずみずしく美しく潤んでいた。

その姿をひとめ見るやいなや、信頼するに値する素晴らしい存在だとわかった。そして、彼のいうように、愛と正義が大きく彼の内にあるのだとわかった。

彼のことを、ひとことでいうとすると、とても神々しい素敵な美男子！

その美しい容姿を一瞬、見ただけで、わたしは、恋に落ちたような錯覚を起こした。うっとりと魅了され、まるで、〝運命の人〟が現れたかのような衝撃とトキメキとせつなさと高揚感を与えられた。

しかし、その姿は〝仮のもの〟だったのだ。

**なぜなら、本来、彼には姿形がないのだから！**
**高次元生命体は、姿形を持つのではなく、非常に高次な意識体であり、それは、光のエネルギーそのものであるのだから。**

〝仮のもの〟だといっても、適当な姿で現れたのではない。こちらからすると、パーフェクトで感動的なものだった。

わたしと交信しやすいように、わたしが彼を受け入れやすいように、わたしが彼を愛せるように、彼がわたしの心の内を、好みを、理想のタイプを、すべて知ったうえで、擬人化して見せた美しい姿であったのだ。そのことを、なぜか、わたしは、一瞬で悟った。

その姿を現し、ほほえんだとき、〝君に、僕を気に入ってもらえるといいなぁ〟という、かすかな声が聞こえた気がした。

うっとりみとれていると、彼は、優しくわたしにこう言った。

「人間でいえば27歳くらいだと理解してくれればいい」

彼は、わたしが彼をとても気に入り、ここからよろこんで交信する気になっていることを、一瞬で見抜き、安堵の表情を見せた。

実際、わたしは、彼を気に入り、いや、一瞬で好きになり、きゅんとせつなく、甘く、幸せな気分になっていた♪

そして、聞いた。

「あなたの名前は？　わたしはあなたを何と呼べばいい？」

「レワード……そう呼んでくれ」

彼の名前を、わたしはとても愛しく感じた。まるで、恋人であるかのように！

## このままでは、地球は大変なことになる⁉

「あなたの名前は？　わたしはあなたを何と呼べばいい？」

「レワード……そう呼んでくれ」


そういって、彼との会話は始まった。

わたしは、聞いた。

「それにしても、何のためにあなたはわたしと交信するわけ？」

「このままでは、地球は大変なことになる！　なんとしても、止めなきゃいけない！」

「大変なことになるって⁉　何、なんのこと？　怖い‼

戦争でも起こるというの？　それとも、大地震？」

「ああ、もちろん、そんなことも、起こるだろう。しかも、まもなくね。
しかし、それよりも、いますぐに伝えておきたいことがある。それは、いま、世界のあるところで、非常に頭のいい頭脳集団であり、利害優先で心を忘れた科学者集団とも呼べる人間たちによって、とんでもないことが世にひろがろうとしている！」

「何が起こるというの⁉」

「それをいま、ここで言うわけにはいかないんだ！
しかし、それは、絶対に、起こってはならないことなんだ‼ ひとたびそれが起これば、想像を絶する数の人間たちが世界中で滅びることになるだろう。それをまずは、阻止しなくてはならない」

「阻止する？ できるの？」

「そこで、僕たちは、この地球で、地上で、世界で、世の中で、人々の中で、リーダーの中で、世の中に良い影響を放てる人間たちを、誠実さをもって物事を正しく伝えられる人間たちを、勇気と愛と共に行動できる人間たちを、探しているんだ！

**しかし、何か影響を放てるというだけの、ただの情報通のような存在では、ダメなんだよ。〝目覚めた人〟でないと！**

僕たちのような存在とも、心からコンタクトをとれる〝目に見えない世界〟を理解できる人、思いやれる人でないとね。エネルギーレベルで、つまり、心の中を通して、つながり合える仲間でないと。感じとる力や、テレパシーの感度のある人でないとね。そうでないと、伝えたくても、何も伝えられやしない！」

「こんな微力なわたし一個人が、そんな大それた話を聞いたとしても、どうすることもできない……だって、わたしは、無力よ……

見ていたら、わかるでしょ⁉　レワード、あなたは何でも見え、わかっているはず……」

「……違うよ、なみ……そんなふうに言わないで！」

「いいえ、無力よ……うちひしがれているわ。昨夜もわたしが泣いていたのを、あなたは知っているでしょ？　きっと、ぜんぶ見ていたでしょ？

わたしがいる国、日本も複雑よ。しかも、わたしのいる世界、そう、この出版の世界でさえ、もはや、無力になりがちよ。

みんな、何が本物で、何がいいのか悪いのかもわからなくなっているところもあるし、迷走しているわ……

伝えなくてはならないと思っている尊いテーマも、理解されないことの方が多いのよ。正しい人間の在り方だとか、生き方だとか、人間の質の向上を！　世界平和を！と、声高らかに訴えてもね……

それよりも、手っ取り早く売れる、流行を追うものに傾倒しがちよ。流行を追うものは、流行が終わるとともに、滅びるという、時の産物でしかないことも、知らずにね。永久不変のものを見出せる人は、少ないもの……

いまの地上のわたしにできることがあるとすれば、書くことだけかもしれない……でも、あなたとのことを書きたいと言っても、地球を救うためになどと言っても、誰も相手にしてくれないかもしれない……だから、いまのわたしは無力なの……

そんなわたしが、あなたにどんな話を聞いたとしても、何もできない……哀しいけど、それが現状よ……」

「そんなことはないんだよ。僕は君一人にだけ、何かを背負わせようとしているんじゃない！

君と同じように、何か素晴らしい力や活躍を行える人なのに、その力をうまく使えずにいる影響力のある〝目覚めた人たち〟すべてを、地球上で探しているんだ！

君は、そのメンバーの一人なんだ！　ここから、青い星☆地球を救うスターティング・メンバーの一人なんだよ！

地球に住むメンバーを、とにかく、もっと集める必要があるんだ。世界中を探して！　僕はそのために、毎日、奮闘しているんだ。

**それらは、最初、小さな点かもしれない。しかし、そのうちわかるさ、すべてがつながり、大きな力を持ち、うねりをつくり、波を起こし、動き出し、この世の中を大きく変えることになるのだと！**」

「……わたし……ひとりじゃないのね……」

「そうさ。僕がいる。君とともに！

君たちが住んでいるこの地球の平和を守るためには、この美しい青い星を宇宙から滅ぼさないためにも、地球に住む人間たちの協力が、絶対に必要なんだ！

僕たち異次元の生命体だけでは無理なんだよ、この星に住む、君たち自身の理解と協力がなくては、どうしようもないんだ。

だから、僕たちはいま、世界中を探しているんだ、僕たちとコンタクトできる存在を！

そうして、今日、僕は、偶然、君をみつけたんだよ！〝目に見えない世界〟につながることができる魔法の技術を持った君を！

そのときのよろこびといったら、なかったよ！」

「レワード……もし、わたしがメンバーの一人だとしても、いまのわたしにできることは、一つしかないかもしれない……それは書くこと……」

「ああ、いいだろう！　上出来さ!!

君を通してできることをしてくれたなら、それが本望！

それも立派なスターティング・メンバーの仕事であり、地球に貢献していることになるんだからね」

レワードは、ほほえんでいた。

いつまでも戸惑うわたしを、そっとみつめながら。

## すべてを伝える日がくる☆そのチャンスを、必ず君に与える！

そして、レワードは、こうも言った。

「地球のやり残しのことについても、時期をみて君に伝えたいんだ！　君がようやく、それを書き記し、伝えられる日がくるときにね」

「それは、いったい、いつ？」

「その時期をいつなのかと、いま、知る必要はないよ。なぜなら、僕にはその時期がもうわかっているからさ！　いまの君にわからなくても、なんら問題はない。

僕が合図を出す！　君は、きっと、それを、しっかりキャッチすることになるだろう。

それよりも、それを書き記す日が来ること、ちゃんと、わかっておいてほしい」

それを聞いたとき、わたしは最初から、ここまでのことも、これからのことも、すべてを書き記し、パソコンに保存し、しかるべき時期に備えようと決意していた。

「きっと、それを出すときがきたら、君は、猛スピードで、集中的に、すべてを書き上げ、世に出すことになる！」

「えっ⁉　そんな大それたことを……なんで、このわたしに？」

「君は、カリスマ性を持っており、ピュアなエネルギーの持ち主だ。君によってそれは世にひろげることができるんだ」

と、彼は言ったあと、彼はそっと、小さな声で、しかし、さらに大きく心の中に響かせたいとでもいうように、こう告げてきた。

「君は、僕の伝えることを、きっと、まっすぐそのまま書き綴り、まっすぐ人に伝えられるからさ。それを僕は、わかっている！

なぜなら、君の〝魂の役割〟が、この地球の地上での〝仕事（ミッション）〟が、まさに、大事なことを書き記し、人々に伝え、この世に残すという、作家であるからこそ！」

## 会話は瞬時になされる☆テレパシー!!

金星☆高次元生命体であるレワードと地上のわたしは、確かに、しっかり会話した。

その会話は、人間同士がいちいち何かを考えながら、相手の顔色をみたり、気を遣ったりして話すというような、まどろっこしいものとは、まったく違った。

とにかく、心で何かを思うと同時に、そのまますぐに相手に伝わってしまうという、瞬時になされるものだった。

それゆえ、わたしが何かを思うと同時に、それは彼に瞬時に届き、返事も瞬時に返された。超スピーディーなハイ・コンタクトだった。

これこそが、テレパシー!!

それは、まるで、〝二人〟という関係性ではなく、自分と他人というわけへだてられたものでもなく、すべては〝ひとつ（一体化）〟という感覚だった。

そこには、裏も表もなく、ツーカーだった。

また、そこには、人間同士にあるようなやりとり、そう、嘘偽りやごまかしや、駆け引きや計算やエゴなど、何一つなかった。

**あるのは、純粋さと、正直さと、真実だけだった！**

だから、わたしは、レワードとの会話では、無防備に心を丸裸にしても、なんら怖くなかったし、安心して続けることができた。
しかも、レワードとは、初めて会ったのに、初めて会った感じがせず、はるか遠い何億光年も前の、昔から知っていて、つながっていて、心を、時を、共にしていたような、大いなる懐かしさがあった。

レワードは、続けた。

「覚えておいてほしい。人間が、この地球上で、進化するというのは、なにも、ロケットを頻繁に打ち上げたり、空飛ぶ乗り物ができたりすることではないんだと。

すべてが機械化されたり、人が働かなくてもいいようになったりすることでもないんだ。

むしろ、その逆で、君たち地球に住む人間は、もっとナチュラルに、自然にかえること、もっと元の状態に、そう、美しく輝いていた〝魂の状態〟に戻ることが重要なんだよ。それこそが、真の人間進化なんだよ。

人間が、生まれる前から持っている魂という光を、ピュアなハートで、磨き上げなくてはならないんだ。

**魂という光を、決して、曇らせてはいけないんだ。なぜなら、魂が曇ると、エネルギーが低下し、波動が下がり、霊的回線が混乱するからだよ。**

しかも、魂という光が曇ると、周波数が下がるから、周波数の高い僕たちや、地上の人間を創造した主であるおおもとのエネルギー領域とのコンタクトが、途絶えがちになるからさ。

地球のこの危機的状態を救済するには、まず、その地球に、地上に住む人間たちが、より良く変わらなくてはならないんだ。

もっと、ちゃんと、あたたかい心を使い、情を養い、体（肉体）をいたわり、魂を蘇らせ、空気を感じ、呼吸を楽にし、思いやり深く、癒しあい、支えあい、つながりあい、励ましあい、助けあうことなんだよ。

もっとクリアなエネルギーで、ピュアにつながりあうことが重要なんだ。

エゴや計算や悪い企《たくら》みや、自分さえよければいいというそのような考えが、その人自身を、かかわる他者を、社会を、地球を、滅ぼしにかかるきっかけになってしまうのだから、とても怖いことなんだよ。人間が、本来の心を、魂の光を、崇高さを、失うというのはね」

そして、続けて、こう言った。

**「それらを一言でいうと、スピリチュアル=精神性の高さ、魂の気高さ、人間らしい情を、取り戻す！　ということかもしれない。**

そういったものを大切にしながら、科学の良い点をうまく融合させるならば、さらに快適に前進的（※前に進む、進歩）に、君たちは未来を築け、僕たちも君たちをもっとうまくサポートできるんだ」と。

「わかるわ、その話……ここから、わたしはあなたを信じてついていってもいいのね。すべてを書き記すと、決めたわけだし！」

「もちろん！　ああ、もちろんだよ！

それを示すために、僕はこれからいろんな証明をして見せることになる！

君には伝えたいことが、まだ、山ほどあるんだ！」


この言葉の意味を、そのとき、わたしはまだ理解していなかった。


しかし、この後、すべてはレワードの言った通りになり、びっくりすることになる。

というより、驚きを感じながら、日々を、生きることになったのだ。

## 地球を訪れた彼らが探している人とは⁉

あるとき、レワードは、こんなことも語ってくれた。

「僕は、この地球に興味を持っており、この地球のあり方いかんによって、僕たちの惑星も変化せざるを得なくなることはすでにわかっている。もちろん、僕たちの惑星だけでなく、他の惑星たちもね。

とにかく、地球は、いま危機的状況にあるんだよ。環境的にも、エネルギー的にも、人類の生き方的にもね。それを、まだ、地球は知らない。いや、地球は知っていてサインを送っているんだけれど、人類は本当にはその怖さをわかってはいない。まだ誰も……。

大きな異変が起こってからでは、ダメなんだ！　すべてが無駄になってしまう！

早急に〝目覚めた魂〟を持った地球人で、その影響を良い形で良心的に放てる人間を探す必要がある！　それらの人へ惜しみなくサポートしたいし、むしろ、こちらへのサポートも要請してもらっていいんだ。共に、歩んでいくためにね。この広い宇宙の中で。

僕は、今日、素晴らしい君のエネルギーを知った！　それは地球を探っていて知ったんだ！

ちょうどそのとき、君は魔法のエネルギーを使っていた!!　君が〝目に見えない世界〟という異次元につながることができる人であるというのを知った瞬間には、本当に驚いたよ！」

彼がなんのことを言っているかを、わたしはわかっている。そう、前項でも書いたように、彼がわたしを見つけたとき、わたしはレイキというエネルギーワーク（宇宙と一体化するワーク）を行っていたからだ。

そのとき、「目に見える世界」と「目に見えない世界」の領域に、わたしがエネルギーと意図を用いて、出たり入ったりしているのを、彼は見たのだ。

それが、「君は、魔法が使えるんだね！」という言葉になったのだ。

レワードは、こう話を続けた。

「地球はまだ捨てたものではない。僕はあますところなく、地球へのメッセージや、これから担うべきミッションについて伝えていきたい。
どうかそれを受け取ってほしい！

これから僕は、自分がコンタクトをしたいときに、君の超越意識（そもそも人間の中にある高次機能領域）の中に入ることになるだろう。僕との交信の仕方も君に教えるから、君の呼び出しに応じる僕も現れるだろう！」

彼が、わたしに話しかけてくるたびに、わたしは彼を尊敬し、愛を募らせていった。
そして、もっとピュアで、正直でありたいと思うようになっていった。
わたしは、心の中で、彼に対して、すべての思いを隠すことができず、正直にならざるをえなかった。なぜなら、そうしないと、どのみち、こちらの心は瞬時に伝わってしまい、何を思おうとも、すっかりバレてしまうのだから。

それゆえ、わたしは、ドキドキしながら、素直に、こんなことも伝えてみた。

「……あの、レワード……あなたが目の前に現れるとき、あなたの大きな愛のエネルギーにふれるとき、なぜかわたしは、パッと心が明るくなり、幸せになるの♪
胸がドキドキときめいて、わくわくしてしまう……涙がこぼれるほど幸せな気分になり、ほっとするのよ」

「それは、よかった！　きっと、それは、僕が高いエネルギーを発して君と交信しているからだよ。君がその高い周波数をダイレクトに感じとるからさ。

それは、愛、慈愛、正義……そういうエネルギーだよ。純粋さ。

本来、誰もが、このようなエネルギーで生きることができたなら、悩みや争いや問題や飢えや困難など、すっかり、なくなり、いつでも安心と幸せを叶えて生きていけるんだけどね」

そう話してくれている最中、なぜか、どんどんレワードの声が小さくなって、遠ざかって、フェードアウトしていくのがわかった。

いったい、どうしたっていうの⁉

「レワード、なぜ、途中で消えてしまうの⁉」

突然、レワードが消えてしまって、わたしはとても戸惑ってしまったと同時に、夢から覚めた子どものように、とても不安になってしまったし、泣きたい気持ちになった。

そして、もう、また、すぐに、レワードに会いたくてたまらなかった。

どうすれば、もう一度、会えるの？

次に、レワードが現れたら、呼び出す方法を一番に聞かなくては！　と、そう思った。

そして、心の中で、こう叫んでいた。

「レワード、どうして消えたの⁉　今度はいつ来てくれるの？　わたしは、肝心な、あなたの呼び出し方を聞くのを忘れていた‼」

次にレワードが現れたら、その最も肝心なことを、一番に聞かなくては‼

## 交信は、周波数を1万倍以上下げ、数秒ずつ行われる☆

しばらくすると、レワードは、また、突如、現れた！
続きを伝えるために帰ってきたという感じだった。

そして、わたしは、なによりも早くと、すぐにこう聞いた。

「レワード、突然、消えないで！　もう、どこにもいかないで！
今度、あなたが消えたとき、わたしはどうしたらいいの？　どうすれば、また、あなたに会えるようになるの？」

「なみ、心配ないよ。かんたんさ。僕に会いたくなったら、呼び出してくれればいい。
いつでも、現れることができるよ」

「どうやって⁉」

「僕を思い浮かべるだけでいい。

いいかい。僕に会いたくなったら、いつでも、僕のことをこうしてここに浮かべるんだ。ほら、こうやって。そして、同時に、3回、僕の名前を呼んでくれればいい」

そう言いながら、レワードは、そのやり方をレクチャーしてくれた。そして、再び、おだやかに、こう話し始めた。何もわかっていない子どもに、理解させるかのように。

「いいかい、なみ、知っておいてほしい。

僕たちのエネルギーレベルは、地上の人間のエネルギーの1万倍以上あり、100万倍以上にまで引き上げることができる。

しかし、地球に住む人間と交信するときには、1万倍以上のエネルギーを使うことができない。なぜなら、その周波数を人間の肉体や意識は、まだうまく扱えないからなんだ。

いや、うまく扱える人が少ないといったほうがいいのかもしれない。

だから、**僕たちのほうが、1万倍以上エネルギーを落として、人間とコンタクトできる程度にまで周波数を変化させ、波動を落として、交信するしかないんだ。**

けれども、そうしたとしても、僕にとっては、周波数の違う異次元に入っていくことになるわけだからね、長時間そこにいることができない。

だからね、覚えておいてほしいんだ。

**僕が大きくエネルギーを落として、地球に住む君の前に現れるときには、そこに長居することなどできないと。せいぜい、2〜3分程度しかいられない。だから、僕はときどき、消えるしかなくなる。**

でも、また、すぐに現れることができるのさ、伝えるべきことを、伝え尽くすためにね。

だから、話している途中で、僕が消えてしまうのは、いなくなったのではなく、エネルギー調整しているとわかっていてほしい。

それにしても、僕は、君とこうしてコンタクトできて、とてもうれしく、小躍りする気分さ！　なんという発見！　なんという衝撃！　なんという奇跡！

それはそうだろう!!

こちらの世界より、はるかに周波数が低いとしていた異次元の地球の中にも、高い周波数に応じられる存在がいたということなんだからね！　エネルギーの垣根を超えてコンタクトできる人が、この地球にもいる！　ということなんだからね」

## 目覚めた人とは⁉　☆レワードが教えてくれたこと

「僕は、君とこうしてコンタクトできて、とてもうれしく、小躍りする気分さ！　なんという発見！　なんという衝撃！　なんという奇跡！」

そう叫んだレワードは、一度、フェードアウトしたかと思うと、すぐまた現れ、こんなことを話してくれた。

「しかし、ある意味、それは（※レワードが、周波数の違う人間とコンタクトできることは）、当然のことかもしれない。というのも、そもそも、心、意識、意図、波動を通して、エネルギーレベルでつながりあうことができるように、なっているのだからね、僕たちは。

人間の中には、開発されるのを待っている神秘領域、高次機能があって、〝目覚めた人〟たちだけが、そこにふれることを自発的に覚えるんだ。

本来、誰にでも使える機能なんだけどね。

**〝目覚めた人〟とは、すべてがひとつであり、みんな同じであり、自己も他者もなく、光のエネルギーの中で、つながりあっている存在だと、心で感じられる人、心でわかる人になることさ。**

それがわかる人だけが、自分のことは自分だけのことではなく、他人やまわりにも影響し、他人のことは他人だけのことではなく、まわりにも自分にも影響するということがわかり、それゆえ、人間ひとりひとりがそういう意識の中で、より良く生き、高まりあうことが大切だと、悟れるようになるんだよ。

もし、人間たちが、誰ひとり、そういうことに気づくことができなければ、人との関係の中で、出来事の中で、社会の中で、世界の中で、地球の中で、宇宙の中で、いいも悪いも清算されることになり、結局、その影響をダイレクトに受けるのは自分なのだということもわかるのさ。

しかし、**すべてが、世界で、地球で、宇宙で、清算されるというのでは、遅いんだよ！**

まず、一人一人が、自分の中で、心を正し、清算し、整え、調和させ、高まろうとしなくてはね。

高まるといっても、特別な何かをする必要はないさ。そもそも気高い魂を持っているんだ、人間は。

高まるとは、より純粋になることさ、素直になることさ、愛になることさ。

愛とは理解、思いやり、優しさ。それは、あたたかいもの。

そして、**愛は、無条件に、人を、すべてのものを、高める！**

僕たちの世界は、高い周波数を放つ光の世界であり、そこには、形がない。形がないから、垣根がなく、すべてはひとつなのさ。

ひとつだからこそ、誰かを責めたり、痛めつけたりすることもないのさ。他者も自分も同じなのだからね。そして、そこに、愛がある。

いいかい！　人間の心も同じさ。

それは本来、美しい光さ。垣根なんか本当はない！

いつでも、ものをいうのは、心なんだ！

心を通して、その心が放つ波動を通して、人と人、人間と僕たちはつながれる！」

レワードは、意気揚々と、語った。その間、わたしは黙って、うなずいていた。

## 恋人は宇宙人☆それでいい！　それがいい！

レワードを呼び出す方法もわかって、わたしはほっとした。

そして、彼が語ったスケールの大きい話にも、大きくうなずき、感動していた。真剣に受け止めるべきだと。みんなに伝えるべきだと。

なのに、わたしは、そんなことよりも……というように、こんなことを言ってしまった。甘えたい気持ちがあったのかもしれない。

「レワード……なんというか……その……話が大き過ぎて……

そんなことよりも、いまのわたしは、悩める子羊そのものよ。その状態をわたしは、無視できないの。自分の現実だからね。

大いなる哀しみというか、解決したいことをひとりで抱えていて……苦しんでいるのは事実よ……

本当は自分のそのことを一刻も早くなんとかしたい……地球の危機もわかるけれど……もしかしたら、ある意味、わたし自身のほうが、いま危機なんじゃない？」

「なみ！　何も心配いらないさ！　君の人生がいまどのような状況にあり、君が何を嘆き、哀しみ、苦しんでいるのかなど、僕にはすべてわかっているよ！

しかし、それはとるに足りないことで、君のミッションからすれば無視していてもいいくらいのことなのさ」

「でも、わたしはその哀しみに沈められ、ひたりきってしまっているときがある……わかってくれている？　そのことを」

「もちろんさ！　しかし、すべてはこの後、見事に解決し、君は違う人生の中に入っていく。君にはその術をも与えていくよ！

それには君の人生から、多くの活動時間をもらうことになるけどね。

**君の心配などすぐに消え、君は新たな運命のために、動き出す！**

そのとき、僕は君のそばにいて、助けている！　そのとき、君には、絶対にそれがわかる！　わかるはずさ!!　このエネルギーの中で、それを成就させるのだから！」

（ちなみに、この本の発売が決定することになった日、わたしはレワードがそばにいることを、いやというほど痛感した！）

続けて、レワードは、こうも言った。

「いまの君に何から伝えるべきかを、僕はもう一度、惑星で決めてくる。

またすぐに降りてくるよ！

あっ、そうだ！　ガイアの意味を知っておいてほしい。宿題だよ！

それは本当に大切な地球を救うヒントになることだから。

じゃあ　なみ！　また！　とにかく、ここから、指令を出していくよ！

そして、**忘れないでほしい。すべてのものが光の周波数を上げるためにある！　この地球を、宇宙全体を、守るためにある！**」

レワードがまたフェードアウトし、引き上げたとき、涙があふれた。

レワードがやってきても、うれしくて、あたたかくて、涙があふれるけれど、消えてしまうとその倍、さみしくて、涙があふれる……どうすればいいのか？

こんな、遠距離恋愛のような、今度、いつ、その大好きな人に会えるのかわからない状態というのは、本当に、せつない。

でも、呼べば彼は来てくれる！　そう言ってくれた！

わたしは、何度でも、彼を呼べる！　だから、さみしがらなくてもいいんだ。

そのとき、わたしは、再びフェードアウトしようとしているレワードに対して、こう思ってしまった。「ああ、彼がわたしの恋人ならば!!」

そのとき、消えかけた彼が、突然、戻ってきて、こう言ってくれたのだ。

「なみ、僕を恋人だと思ってくれていい。僕も君のことをそう思うことにする。君が、僕と恋人でいるほうが、心が安定し、そのほうが幸せだというのなら、それでいいんだよ。

じゃあ、また、来るよ。……愛している！」

「えっ!?　いま、なんて言った？」

わたしは耳を疑った。驚くことに、確かに彼は、そう言った!!
しかし、それは、人間界の男女の恋愛というようなものとは数段レベルが違うような、永久不変の宇宙の愛というようなものだった。

いや、なんでもいい。今日から、レワードが恋人なのだ♪
すごすぎやしないか⁉　恋人は宇宙人だなんて（笑）

とにかく、彼がわたしの意識（超意識）の中、エネルギーの中に入ってきて、テレパシーを通してコンタクトをしている間中、わたしはその間、つねに大きな愛のエネルギーをあび、魂ごと満たされていた。恋人にぎゅっと、そっと、抱きしめてもらったときの感じによく似ていた。

それは、この地上では、なかなか出逢えない大いなる至福であり、それゆえ、その至福のエネルギーが消えたとき、とんでもなく、ドーンと落ち込むことになるわけだ。

そして、わかる。ああ、エネルギーの差というのが、この現象になるのだなと。

その晩、わたしは、心の恋人ができたせいか、何か月ぶりかで、大きな安堵に包まれて、ぐっすり眠れた。

## レワードからの宿題に答える☆愛と正義の意味

レワードは、フェードアウトする前に、わたしに宿題を託した。わたしは、大好きな心の恋人の言う通り、それをちゃんとやりたいと思った。

しかし、その宿題をするのに、いちいち辞書を引いたり、インターネットで検索したりして、何かを調べる必要はなかった。

彼自身に聞けば、優しく教えてくれたからだ。

「愛しいレワード……どうか、教えて！
愛と正義って……なんですか？　それは難しいことでないことを祈るわ」

「なみ、それは、決して、難しいことではないんだ。
だけど、多くの地球の人々は、それを本当には、何も理解していない……
だから、地球が、世の中が、どんどんおかしくなっていくんだよ。

いいかい、なみ、覚えておいてほしい。

愛とは、相互理解と、つながりなんだよ。それは、思いやりと優しさで、叶えることができる。シンプルなものなんだ、本当はね。

たとえば、〝この人に、こんなことをしたら、どう思うだろうか？〟〝なにがどうしてこうなっているのか？〟そんなふうに、何かを少しでも疑問に思い、心で考え、理解してあげたいというとき、そう、相手の気持ちになってみて、理解しあうとき、人は、互いにおだやかになれ、かんたんに優しくなれるんだよ。

相手や何かを理解できるとき、何かをそうなんだとわかるとき、そこには、相手を無意味にやっつける意味など、なくなるわけでね。

そのとき、仲良く、そこにいて、手を取りあい、支えあい、癒しあい、励ましあい、助けあうことの大切な意味もわかるものなんだ。

そして、人は、きっと、このことが理解できるはずなんだ……

というのも、君たち人間は、そもそも、魂という純粋な光のエネルギーをたずさえた、神の愛から生まれた存在なのだからね。

そして、正義はね……哀しみの中にあるんだよ。哀しみの中に。

その哀しみのわけを知らないから、正義は簡単に滅びてしまうんだ……

人間の哀しみを癒すものをすべての人が、胸の中に持つことができたなら、何ひとつ、問題や争いはおこらず、壊れる者もなくなるんだよ。
この正義を、僕はエネルギーの領域において、宇宙レベルでひろげていきたい！
それが地球の〝この世の終わり〟を救うヒントになるんだよ。
そして、伝えておこう！　正しい正義には、いつでも、必ず、大いなる慈悲からくる〝愛に沿った行動〟があるのだと」

レワードの話を聞いているとき、その真意があまりにも愛に満ちていて、愛以外のなにものでもなくて、熱いものがこみあげてきた。

そして、思わず、わたしは、そんなレワードを誇りに思い、さらに愛しく感じ、こうつぶやかずにはいられなかった。「愛してる」と。

わたしは、なぜ、あなたがこの青い星・地球を助けようとしているのかが、わかる気がする……

そう心の中で、つぶやいたとき、瞬時にレワードからも返ってきた。

「それについては、まだまだ伝えていくよ！　……愛している」

Resonance 2

# 目覚めた者たちから、うまくいく☆

天に使われるべき人たちよ、魂をベースに、
良いものだけを発信せよ！

## 交信の前に降りてきた神示☆それは、いったい、何⁉

金星☆高次元生命体のレワードからのファースト・コンタクトがあったのは、２０１７年12月2日（土）だった。実は、そのことが起こる前、わたしは不思議な体験をしていた。

ある「神示」が降りてきていたのだ。

ちなみに、「目に見えない世界」のものを、わたしが、視えたり、聞こえたりするようになったのは、レワードとの交信前からであり、それは、十数年前の臨死体験のときからだった。そのことについては、他の著書に書いた通りだが、このとき降りてきた「神示」は、なにか特別なムードに満ちていた。

朝、自宅の神棚に向かって、いつものように大物主大神《おおものぬしのおおかみ》さまに手をあわせ、感謝を申し上げていると、突如、落ち着きはらった威厳ある声で、こう伝えてこられたのだ。

それは同じ2017年の11月28日、早朝のこと。内容は、こうだ。

「明けの明星、カラスが7回鳴くとき、汝にすごいことが起こるであろう。そのあと、すべてが変化することになるぞ。待っておるがよい」

その「神示」が降りてきたとき、最初、わたしはうまく意味をつかめなかったし、なんのことだか、さっぱり見当もつかなかった。

しかし、気になったので、わたしは、その「神示」の内容をパソコンに保存するとともに、息子たちにもこう伝えたのだ。

「……というわけで、気になる神示がきたから、地震でも起きたら大変だから、今日、明日、遠出をしないようにね」と。息子たちは、素直に「わかった」と用心していた。

2日後の、11月30日の夜、地震が起きた。

地震は、なぜか、わたしの人生についてまわる……

それは、いつも、わたしのそれまでの人生を壊し、わたしの運命をガラッと一変させ、復活再生する必要があるときに、やってくる。今回もそうなのか!?

わたしは、ひとり、心の中で、ここから大きく変わることになるであろう、自分の運命について、思いをはせていた。

今度は、何がどう変わるというのか!?　と。

そして、地震の翌日の、12月1日、明けの明星。

カラスが7回鳴いた!!

いつになく、なぜか、やけにカラスが騒いでおり、大きな声で、カー、カー、カーと、確かに7回鳴いたのだ。あの「神示」の通り！

一番驚いたのは、わたしたち家族だった。
でも、これで終わり？　何も起こらない？

まさかね。そんなあっさりしているわけないでしょ。あの神様の言い方では。
では、いったい、何⁉　何が起こるというの？

しかも、いつものごとく、地震とともに、わたしの運命を、目指すべきものを、進むべき道を、大きく変えようというのなら、まだ、何かあるはずでしょ。とても重大なことが‼

今回は、ここから、何が、起こるのか⁉　今度は、どう、わたしの人生は、新しく

なり、復活再生するというのか⁉

そして、遂に、翌日の、12月2日。その日から、金星☆高次元生命体であり、愛と正義の司令官レワードとのファースト・コンタクトが始まったのだ‼

その、最初の日に伝えられた言葉やメッセージは、書きとめられないほどの超ハイ・スピードでバンバン送られてきたものであり、莫大な量だった。

レワードは、途中、何度も、フェードアウトして消えながらも、人間とコンタクトするために自分の周波数を調整し、波動をこちらに合わせながら、何度も現れては消え、消えてはまた現れ、わたしにすべてを語り尽くそうとした。

それは、もう、夜中の2時、3時になっても、容赦なく……まだまだ、どんどんと、かなり長時間にわたり、重要な内容を、送ってきたのだ。

こちらは、ふつうなら、疲れて、眠ってしまうことだろう。

しかし、**交信最中のわたしは、とても高い良質のエネルギーに包み込まれて、手厚く優しく保護されながら、言葉を受け取っていたので、まったく疲れなかった。**

優しい配慮と大きな愛に満ちているのを感じた。こちらを、絶対に疲れさせないのだから！

**いや、それどころか、交信の最中は、どこから湧き上がってくるのかというほどの、すさまじいパワーが、自分の内側からどんどんあふれてくるのが、不思議でしかたなかった。自分が何か、超人にでもなったかのような、すごいエネルギーに満たされ続けていた。**

ああ、わかった!! 疲れがあるのは、肉体があるからだね。

肉体がないような状態、つまり、金星☆高次元生命体のレワードから、その高い周波数のエネルギーが長時間にわたり、どんどん送られるとき、もはや、自分自身が完全にエネルギー体と化すのか!!

わたしは、結局、ほとんど眠れていないのに、まったく眠くなく、なんと、次の日の仕事は、いつもより元気に、パワフルにこなせた。

ファースト・コンタクトの翌日、12月3日。
その日、早々にまた、レワードは、わたしと交信してきた。

その中で、レワードは自分が金星☆高次元生命体であり、光の存在であり、高次元エネルギー体であると同時に、わたしという人間の高次意識体の一部でもあり、ダイレクトにつながっているのだということも、教えてくれた!
高次意識体は、魂であり、魂はすべての情報を持っている!! 現在、過去、未来の垣根を越えた領域で、すべての答えを持っている。

高次意識体は、時空を超え、人と人、人と物、人と場所など、どんなものとの垣根も一瞬ですり抜け、一体化できる性質を持っている。

そして、誰とでも、何とでも、どんな物事や現象とでも、テレパシーで交信できる！

だからこそ、レワードとも、人間の中にあるその高次の領域からなら、交信可能になるのだ！

ああ、やはり、あなたとわたしは、そもそもエネルギー体そのものなのね！

そして、自分と他人ではなく、わたしはあなたで、あなたはわたし。二人は二人ではなくひとつであり、一心同体であり、つながっていたんだね、最初から!!

地球からはるか彼方の遠くの別の惑星に存在する者同士でも、一瞬で、つながれるなんて、なんという素晴らしい神秘!!

そして、そこから、毎日のように、地球を、この星に住む人間たちを思う、レワードからの大切なメッセージを受け取っていく中で、わたしは、書きたいとするテーマや対象が、どんどん変わっていった。

人間の在り方や、心の使い方、大自然の摂理、霊界の真実、宇宙現象、高次元のことなど、永久不変のテーマについて、さらに探求するようになり、それらを次々と出すことになったのだ!

レワードとつながることになる前に、もし、先に、わたしの家でおまつりしている神様から、「神示」を受け取っていなかったとしたら……

もしかしたら、わたしは金星☆高次元生命体レワードと交信することによって、大きく運命が変わることになるとは、夢にも思わなかったかもしれない。

## メッセージは、どのようにしてやってくるのか?

それにしても、神示が降りてくるのも、レワードからの交信が始まるのも、その瞬間は、その語りかけは、メッセージは、言葉は、いつでも、突如、やってくる。

「そのメッセージは、どのようにしてやってくるのか？」

それを、きっと、あなたも知りたいことだろう。しかし、その感覚を言葉で伝えるというのはとても難しい……

しかし、その神示が降りる瞬間や、レワードとの交信の瞬間は、いつも、わたしが忙しく動いているときではなく、なにかをし終え、ふと、体の動きを止め、一瞬、ボーッと無になったときや、落ち着くために飲み物を飲んで、やれやれと、ほっと一息ついたところを、みはからったように、やってくる！

そう、彼らは、こちらの無＝「空」という、〝空っぽになった一瞬〟にのみ、入ってくることができるのだ！

**その「空」とは、スペース！　交信可能な〝無音・無心・無我〟のスペース‼**

このスペースなしに、人の中に、彼らは、やってくることはできない。

いや、彼らの高い能力なら、どんな瞬間にも人の中に入れる。しかし、これ以外のところでやってきたとて、人間側が気づかないだろう。

せわしなく何かをしていたり、誰かと話していたり、わいわいがやがやと騒いでいたら、相手が「交信してくれ‼」と、言ってきたとしても、気づくはずもないわけで。

とにかく、その、やってきかたは、本当に絶妙なタイミングで、コンマ何秒かのわたしの中の空白をキャッチして、そこに〝いまだ！〟と、すかさず入ってくるような、

〝間髪入れず〟というような俊敏さがあって、おみごとなのだ。

また、それは、ときには、朝、ベッドの中で、ふとんにくるまって寝返りを打ち、起きようかどうしようかと目覚めかけの状態の中、ふと、無になった瞬間にやってきたりする。

ちょうど、この、「メッセージは、どのようにしてやってくるのか？」という、ページを書く際、レワードがわたしに、〝伝えるから、その内容をいま受け取って！〟というかのように、わたしを誘った瞬間もおもしろかった。

それは、たいがい、〝いきなり〟なのだ。

次のページで続きをお伝えしよう！

## 高次元の存在から、こうしてサインは送られる♪

ホテルに着いたら原稿の続きを書こうと思っていたその日、わたしは東京でのセッションを終え、名古屋に入った。そして、部屋に缶詰め状態になる前にと、先にランチを食べてから、チェックインした。

チェックインしたらすぐに原稿を書くつもりでいたが、わたしが案内されたその部屋は、太陽のまぶしい光がガンガンに入ってくる部屋で、しかも、デスクがちょうどその窓際だった。

それでも、一応、デスクにパソコンを置き、書く準備をしようとしたが、どうも、落ち着かない。で、カーテンを閉め切ったが、カンカン照りの南中の太陽は、そんな布など、貫通してくる。

おまけに、ランチで濃い味のご飯を食べたせいか、むしょうに喉が渇いた。それで、持っていたペットボトルの水をぐびぐび飲んだ。が、どうしようもなく喉が渇く。
そして、わたしはこう思った。
「あぁ～、いやだ。まぶしすぎて落ち着かない部屋と、この喉の渇きじゃ、とてもじゃないけれど、今日は、パソコンに向かう気もしないし、レワードと交信する気もしない……　いっそ、昼寝でもしてからにしようかなぁ～」と。

すると、そのとたん、突然、なぜか、喉の渇きが強まり、昼寝すらできない感じになった。

それで、まずは、この喉をなんとかスカッとさせたいと、わたしはあわてて自販機まで炭酸飲料を買いに行くことになったのだ。そこに設置されていた氷もどっさり紙コップに入れて。

部屋に戻ってすぐに、その冷たいドリンクをごくごく飲んだ。

ああ〜、スッキリしたぁ〜♪　やっと、ほっとした‼　と、ペットボトルの蓋《ふた》をしめ、小さな冷蔵庫にそれを入れた瞬間、レワードはやってきた！

〝なみ！　いいかい！　いくよ‼〟と。それが、その日の、交信開始のサインだった。

いやほんま、いつも、いきなりかい！

そうやって、交信サインは、たいがい、まず、最初、名前を呼ばれることから始まる！　レワードは必ずわたしの名前を呼ぶ‼　それがあって、わたしは、その瞬間に起こることに注目せざるを得なくなるのだ。

続いて、たったひとことのわかりやすい言葉がやってくるというスタイルで、サインは送られてくるわけだ。

そのとき、そのわたしのいる「現実の空間」から、「異次元の空間」にワープするような、なんともいえない異質の、でも、心地よい、神秘的なムードが漂う。

漂っているのは、どこなのか？　わたしの中か、部屋なのか？

わからないけれど、はっきりとわかるのは、さっきまでとは違う空気感に包まれているということであり、そのとき、わたしは、必然的に必要な次の場面へと移行するしかなくなる。とにかく、素直にそうなる。

そのときも、すぐさまデスクに向かうようにとエネルギー的に促され、わたしは、まぶしいのなんのと言っておられず、とんでもないスピードでやってくるメッセージをまた受け取り続けることになったのだ。

レワードは、次のように話してくれた。彼は、わたしの書きかけのページのテーマを、質問の内容を、知っていたかのように、突然、それに答えてくれた。

「いいかい、なみ、僕は、どこに話しかけているのかというと、君の中なんだよ。耳とか、頭とか、そういう肉体の部分や、どこか特定箇所に話しかけているわけではないんだよ。

僕は、その部屋にいるのでもなく、僕は僕の領域にいるままなんだよ。

しかし、それがどんなに君から遠い場所でも、僕たちのようにテレパシーで人間に介入できる存在には、場所も距離もまったく関係ない。

そんなものがあろうがなかろうが、瞬間移動も瞬間交信も可能で、瞬時・瞬間につながれるのが、高次元テレパシーであり、それは、君の神経回路のプラグをこちらにつなげているようなものさ。そう言うと、わかりやすいかな？

あるいは、君の中にある高次回路に電話をかけているようなものさ。電話をかければ、いつものように君が出る。そのとき、僕は、君とつながったことがわかり、何でも話せるんだ。

人間の構造の中にある〝神秘の領域〟を使っているわけなんだけど、それは、誰の中にもあるんだ。

誰もが内なる世界を信じようとするならば、使える能力なんだけどね」

レワードありがとう！　わたし自身、肉体のどの部分というのではなく、わたしの中のどこかに、いや全体に、あなたが入ってくるようなものを感じていたよ。しかも、あなたはあなたのいるその遥か遠くから話しかけてくるのだけれど、距離などまったく感じない。

つまり、近くに、一緒に、いるみたいで、どちらかというと、ひとつになっている感覚で、それはとても不思議な感覚♪

## 誰にでもある交信能力☆その前に君のすべきこと

「人間の構造の中にある〝神秘の領域〟を使っているわけなんだけど、それは、誰の中にもあるんだ。誰もが内なる世界を探求し、そこにある偉大なパワーの存在を認めたならば、使える能力なんだけどね」と、レワードは、言った。

しかし……と、教えてくれたこともある。こうだ。

「僕たちは、誰とでもつながる能力を持っている。しかし、受信機側にその能力を認められていなくては、僕たちは交信を成功させることができない。

つまり、僕たちが電話をかけたとしても、その相手が自分は携帯電話を持っていることを知らなければ、出ようがないんだよ。

プルルル、プルルル、とコールしても、留守電さ。誰も反応しないってことさ。

だから、僕たちと交信できるようになるためにも、まず、君たち自身が、人間の内部に潜む偉大な力や、神秘の働きを、最初から〝持っている〟ことを、わかっていなくちゃいけないんだ。

**〝すでに、持っている〟とは知らないものなど、探りようも、使いようも、ないのだからね。**

僕たちは、そのうち、素晴らしい未来がやってくることを知っている！

そのとき、多くの目覚めた人たちが、いつ、どこにいても、僕たちと、あるいは、つながりたい存在と、一瞬で、つながれるようになるんだ！

しかし、そういう状態になるには、君たちが、まず、自分自身とつながることが最優先の課題であり、必要不可欠なことなんだよ。

**自分とつながっていないうちは、誰とも、本当にはつながれやしない。なぜなら、すべての交信は、内部の感覚を通して、行われるものだから！**

自分が自分と親密につながるとき、人は、途方もない力が自分の内にあることを認められるものさ。創造の源が、他でもない自分の内なる秘密の領域にあるのを知ることになるわけだからね。

いいかい！　探求は、いつも、個々が、個々に、自分の内側へ内側へと積極的に向かい、深く深く掘り下げていくことで、より内部の真実のある領域に入り込んでいくことで、成功するのさ。

僕たちがサポートする前に、君たちはまず自分自身をサポートしなくてはならない。自分自身を、まず、最初に癒し、いたわり、励まし、愛し、認め、手厚く世話し、どんなとき、どんな場面でも、自分が自分をサポートし続けなくてはならない。

自分をサポートするのをやめたら、もう、おしまいなんだよ」

そして、こう言って、フェードアウトしていった。

「誰かにサポートしてもらわなくては自分の人生は、今世は、救われないというのではダメなんだ。自分の内側に、最初から、偉大なる力、不思議な神秘、高次元とつながる領域があることを信じ、深く探求することで、それは、ひらく！

その領域をひらくものこそ、君の心さ、魂の光さ！」

## 途切れたコンタクト☆その理由

２０１７年12月2日から始まった交信は、翌日からも激しく続いた。が、２０１８年に入ると、いったん、遠のいた。わたしは、とてつもなく、さみしくなった。

そして、こんなふうに思ってしまった。

「ああ……やはり、こんなわたしのような者では、役に立たない！　と思い、きっと、レワードはよそへ行ってしまったんだね……

そらそうよ、当然よ。わたしなんて、なんの役にも立ちやしない……もっとすごい人たちが、世の中にはいっぱいいるし、世界中には、もっとレワードがコンタクトしなくてはならない重要な人達がいるはずだもの……

ああ……はずかしい……世の中を救う？　微力なくせに、そんな気になっていたなんて……」

わたしは、すっかり、落ち込み、完全に見放されたかのような気持ちになっていた。まるで恋人に捨てられ、失恋したかのように。

悲しすぎると、涙は出ない……

ただ、毎日、ど～んと気が沈み、重たかった。

しかし、そのとき、彼は、そのわたしのすべてをキャッチしたかのように、とても高い、高い、遠い、遠いところから、また、突如、やってきた！

あの美しい容姿を現し、優しいまなざしでほほえみながら。そして、こう言ったのだ。

「……なみ、心配しないで。僕は、いま世界中をとびまわっている！　でも、わかってほしい、君以外の誰かを探すためではない。仲間を増やすためさ！」

「わたしはどうしたらいいの？　いまのわたしにできることはもうないの？」

「いまの君はあまりにも忙しすぎる！　君は、いま自分にある仕事をしっかりこなすんだ。それがいまの君にできる最善なんだよ。僕はわかっている。その本を待っている人がいる！　メッセージを発信し続けるんだ！

そして、君は、この地上の現実をまず生きていかなくてはならない。その仕事、その日常を通してね。

その間も、僕は、世界を動かすことになる鍵を握っている重要な存在たちにコンタクトを開始しなくてはならない。ここから起こることをなんとしても阻止するために。あの心を失った科学優先集団、あの頭脳集団の間違いを誰もわかっちゃいない。このままでは、大自然も人も滅びるしかなくなる」

「頭脳集団？　人災が起こるということ？　地震などの天災ではなく？」

「化学物質、化学兵器、ウイルス、空気汚染、自然破壊、環境破壊……人間のエゴやまちがった考えが生み出すあらゆる害や悪になるもの……これが最も怖いものだよ。

このままでは、その被害は日常生活の至るところに現れてくることになるだろう。植物、食品、サプリメント、医薬品……とね。

ふつうに手にできてしまうものの中に、ふつうに人を痛めつけてしまうものが、支配するようになるんだ。便利は便利を通り越し、人間性の低下や、心の力の低下、細胞の低下、波動の低下をも助長させることになるだろう。


また、なんでもかんでもの機械化は、便利さや効率の良さをいともかんたんに裏切る、融通のきかない危険物と化し、人を困惑させる日が来るだろう。

そして、社会に人が必要ないシステムをつくるほど、人間がますます生きづらい時代が来るだろう。

そして、そのすべてのひずみは、最もか弱い者たちに出ることになる！

そこをなんとかしなくては、もう誰も、この地上に安心して住めやしないだろう」

そんな意味深な言葉を放ったレワードは、ポツリこうも言った。

「ああ……彼らもまた、僕からのコンタクトに気づいてくれればいいんだけど」

そして、続けた。

「予兆はすでにあり、僕は急がなくてはならないんだ！　休んでいる暇はないんだ！　もちろん、僕一人だけでなく、僕たち金星の高次元生命体は、世界を、地球を救うために、何万体もの光の束になって、高速活動をし続けている！」

「そうなのね」

「とにかく、待っていて！　僕は再び、必ずまた、戻ってくるよ！

愛している……」

レワードはそう言い残し、わたしはそこに残され、どっさりある仕事と現実のさまざまな日々の出来事に、埋没していった。

## おそるおそるアクション開始☆高次からの忠告によって

しばらく、コンタクトしてきていなかったレワードが、突然、ある日、仕事中のわたしの前に現れた。

それは、2019年12月9日のことだった!

「なみ、いよいよ日本も危ない!! 危機だ! 危機的状態に陥る!」

そのときは、気迫が違っていた。

「なみ! いよいよくる! あの、最初に僕が伝えた、世界的に影響し、数多くの人類が滅ぶことになる、あれが!

いまから、もう、したがってほしい。そうしても、まったく早くない。遅いのは、意味がないんだ。

君にできることを伝えよう！

まず、ここから先は、当面、人を集めて何かをすることをまず、やめるんだ。それをすぐに君がまず承知し、実行するとともに、伝えられる限りのところに、それを伝えるんだ。とにかく、いまは、それを伝えることが重要だ！

あとのすべては、まもなく、みんなの知るところとなるだろう」

わたしは、あわただしさを感じて、すぐにこう聞き返した。

「もしかして、何か怖いことが起こり、わたしもその中で、死ぬの？」

「死なないさ！　大丈夫！」

「いいかい、化学物質、化学兵器、ウイルス、空気汚染、自然破壊、環境破壊……人間のエゴやまちがった考えが生み出すあらゆる害や悪になるもの……この存在の怖さを、決して忘れちゃいけない！

地球に優しいもの、人間に優しいものを、守り続ける必要があるんだ！」

「何があるというの？　戦争なの⁉　化学兵器？」

「ああ、君の知らないところから、そんなことも起こるだろう」

そうして、レワードは、いよいよそれが起こる年の年末に、わたしにどんどんメッセージしてきた。

「なみ、いますぐ、仕事のスタイルを変えるんだ！　大勢の人を集めちゃいけない！

もし、そうする必要のあるものは全面的に避けよ！　一時、中止せよ！　数年待ち状態を確保せよ。

もし、君のところに、何か癒しや励ましや気づきを求めてやってくる迷える羊のような人たちがいたとしたら、その人たちと会わずにいたとしても、充分、君は対応することができる。

どこからでも、君を求めてやってくる人たちを受け入れられるよう、会う以外の、君ができる対応を強化するんだ！　そして、君も、決して、大勢の人混みのなかに、入っていかないように!!」と。

このときわたしは、何が起こるのか、まだ、まったくわからなかった。

……わからないけど、何かが起こるんだね、レワード。

あの、言いようでは、かなりのことが起こるのだということだけは、わかった。

そして、わたしは、２０１９年12月９日に、レワードから頻繁に告げられてきた言葉の通りにしようと、自分がかかわる発信物で、まず、こう告げていった。

「ここから一切、セミナーや講演会は行いません」と。

まず、それを言うのが精一杯だった。理由は？
言えるわけもないよね……

そのときに、もし、わたしが、正直に、その理由を、「え～っと、日頃からコンタクトしている金星☆高次元生命体のレワードから、忠告があったので」などと、言ったとしたら、いよいよ頭がおかしくなったのかと、思われる以外なかったでしょう。

しかし、息子たちと、会社のスタッフには、すべて正直に、レワードの忠告について、話した。

彼らは、いまさら、わたしからそういうことを聞いても、もはや、驚かない。

日頃から、「目に見えない世界」が視えてしまうことで、人さまの悩みや問題解決や願いを叶える場面で、「チャネリング」（創造原理の働く高次元の領域の周波数にチャンネル合わせをして、知りたいことの答えをつかむワーク）というセッションをしているわけだから。

とにかく、いきなり、ひっこんだのでは、ファンも心配することになるだろうからというわけで、それゆえ、「ここから一切、セミナーや講演会は行いません」と、方針を伝えることが、あのときのわたしにできる精一杯のことだった。

まだ、レワードのことを誰にも、公表していないうちは。

## アースミッションがスタートする時

その日、わたしは、テレビのニュースをみていた。

レワードの伝えてくることが、次々と、現実のことになっていくのを、わたしは冷静にみていた。

もはや、彼との交信で教えられた素晴らしい内容について、発信していかなくてはならないのではないかという気持ちも高まりをピークにしていた。

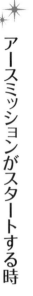

それで、ちょっとあせった。

……どうやって、どこから、このことの真実を？

そして、その頃のわたしは、もう、レワードなくして、生きていけないほど、彼と日常的にコンタクトできることを、生きるよろこびにしていた。大きな癒しに、励みに、頼りにしていた。

呼び出すたび、彼は、どんなささいなことにも、快く答えてくれた。

そして、わたしは、レワードが語ってくれるこの地球上の人間の生き方にとっての大切なメッセージの数々を、どんどんパソコンに書きためていった。

そして、いよいよ書き記すべく、編集者に会いに行った。

しかし、当初、どの編集者も、この手のテーマには、眉をひそめた。

……まぁ、当然といえば、当然でしょう。

しかも、わたしが真剣に話せば話すほど、その人たちは、わたしをよりおさえようとした。「ちょっ、ちょっ、ちょっと……先生、それよりも、願望実現の本というのは、どうでしょうか？　いや、お金のテーマでもいいんですが」と、話題をそらしたりして。

そう、まるで、〝あなたの空想になど、つきあっていられませんよ〟というかのように。

ああ……空想ではないんだよ。現実にわたしは交信しているわけでね。

それを経験したことのない人に、それを信じろというのは至難の業だった。

それにしても、そうなるのだとしたら、ここを突破するのはいつなのか⁉

その悩みが強まるほど、なぜかわたしは、レワードに腹を立てた。

「だから、わたしは無力だと言ったでしょ！」と、責めるようにして。

ついでに、こうも言ってやった。

「高次元からのメッセージね。はい、はい……わたしは理解している。でも、一般的には通用しないのよ。だったら、あなたのことを理解できる編集者のとこに、あなたがわたしを連れて行ってよね！」

そうやって、感情的になっても、なぜかレワードは、余裕のほほえみで、わたしを優しくみつめていた。そして、こう言うのみだった。

「出ることになるんだよ、それは。君は、書いて、出す！　僕が必ず誘う！」

「もしかして、もう、とっくに、あなたは何かを計画しているのね⁉」

レワードは、ほほえんで、うなずいた。

ああ、ならば、早く、その答えのある場所に、連れて行ってほしい！

その心の内なるものまでキャッチしたのか、レワードは、そっとこう高いところから声だけ送ってきた。それは、かすかな声だった。

**〝君の確信と、タイミング待ちなんだよ〟と。**

その言葉を聞いて、わたしは、意外すぎてびっくりした。

えっ⁉　わたし自身が、このことに向かうのを止めていたのかと、驚いた。

そして、〝ならば……自分の問題だというならば、わたし自身がそれを確信しておけばいいだけだったのか〟と、そのあと突如、気が楽になった。

## 合図は突如やってくる☆すかさず、それに乗れ！

〝君の確信と、タイミング待ちなんだよ〟

レワードが言ったこの言葉は、胸に響いた。最初から、邪魔している人も、難しい状況もなかったということだ。それなのに人は、何かがうまく進まないとき、自分以外の誰かのせいにしたがる悪い癖がある。

とにかく、いつでも、外側の状態は、自分の状態を反映しているもの。

「まぁ、あせらなくても、いい……」

どのみち、わたしの確信がレワードに伝わり、そのタイミングがきたら、レワードのほうから、誘ってくれるはずだから。

だとしたら、レワード、それがそうだとわかるように、どうか、そのときは、はっきり教えてね！　わかりにくいのは、困るわよ！」

それから、しばらくの間、わたしは、自分にやってくる仕事をこなすことのみ、淡々としていた。そうしながら、心の中にはこんな思いを抱えていた。

「高次元の生命体とのコンタクトについての本が、もし、何年も後にならなくては、一般の人に通じないのだとしたら、気長に待つしかないなぁ〜。

すでにわたしは〝これは出すべきだ！　出ることになる！〞と確信しているんだけど。

ああ、でも、それが現実のことになるのが、何年も後だとしたら、それでは世の中をより良く変えるには、遅い気がする……」と。

そして、毎日、暗いニュースばかりある、この世の中にいやけがさしていた。

それゆえ、わたしは、〝たとえ、他のテーマの本を書く際であっても、レワードからもらった、人間の生き方に役立つような話は、ちょこちょこそこに混ぜ込んで書いてしまおう!!　よし、そうするしかない！〟と、思った。そして、この本が出るまでの他の本の中にも、そっと、メッセージをちりばめたりしていた。

そんなある日、「ああ、今日はいい天気だなぁ～」と、朝、バルコニーに出て朝日をあび、そこからゆったり朝食をとり、コーヒーを飲んでくつろいでいると、突如、レワードが現れて、こう言った。

「なみ、立ち上がれ！　Ｇｏ!!　Ｇｏ!!
いまだよ!!　いまだ！　行け！」

そして、レワードは、この本を出すことになった出版社へとわたしを躊躇なく誘うことになったのだ！　そう、このヒカルランドへと♪

そこは、10年ぶりの再会の、わたしのお気に入りの世界がある領域だった。

レワードはまず、こう言った。

「なみ、いますぐ、メールをするんだ」

パソコンをあけると、書くべき言葉がすらすら出てきた。それは、わたしから出てくる言葉のはずなんだけど、そうではない、どこか遠くのはるかかなたから送られてくるサポートのようにも感じた。

わたしは書いていない……書かされている！　というような。

で、一瞬で、書き終わり、

送信、ポチッ♪

そして、それは、5分も経たないうちに返信を受け、叶うことになっていく！

## 高次元がくれる「結果」は、超ハイ・スピード♪

その日は、来た！

とてもいいお天気で、空は青く、雲はちょうどよい感じに可愛く浮かび、心地よい風が吹いていていた。

まさに、それは、素晴らしい奇跡の日にぴったりな、とても素晴らしいものに思えた。完璧だ☆

そして、〝遂に、ここまできたかぁ〜!!〟と、わたしは少々、誇らしい気分だった。

秘書の運転する車から降りたとたん、鼻歌なんぞ出たくらいで。

そして、約束の時間、10年ぶりの再会となるヒカルランドに入っていくことになっ

た。うれしくて、わくわくした♪

一緒に来てくれていた秘書には、「たぶん、打ち合わせは1時間くらいかかるかも。もしかしたら、久しぶりだから、2時間くらいかかるかも。だから、どこかでお茶でも飲んだり、買い物でもしたりして、くつろいで待っていてね♪」と、待っていてもらうことにした。

機嫌がいいので、お茶代1万円まであげたくらいだ。太っ腹に。

そして、わたしは、この出版社での前ヒット作『宇宙銀行から好きなだけ♪お金を引き出す方法』の復活版の企画と、その企画書のうしろに、こっそり、レワード本の企画書を隠し(いや、最も見せたいのは、レワード本のことですがね)、

ドアを開け、中に入っていった。

そして、その瞬間が来た!! という、まさに、そのとき、もう一人、見知らぬ年配の女性が、秘書のような男性とともに入ってきた。ん？ 誰？

「社長、どなたか来られましたよぉ〜」

すると、社長がこんなことを言うではないか。

「やぁ〜、佳川さん、ごめん、ごめん。今日、僕、うっかり、同じ時間に、ダブルブッキングしてしまっていて……申し訳ない」

えっ？ どうなる？ と思いつつも、気を取り直し、わたしは満面の笑顔でこう答えた。

「あら〜、そんなこと、わたしにもよくあることですぅ〜。なんなら、時間つぶしてきますよ。わたし、今日、暇ですし、このあと、仕事入れていませんから〜」

と、言い終わらないうちに、また、誰かが入ってきた。

うそやろ⁉　何人、ダブルブッキング⁉

ちょっと、レワードさん、あなた、誘い間違えることってあります？　ほんまに、今日ですか⁉

思わず心の中でこう聞くと、レワードは、とんでもなく笑っていた。

そのとき、すかさず社長はこう言った。

「いいよ、佳川さん、ここにいて！　それより、おいしいコーヒーを」

「僕がやります！」と、さっき入ってきた女性の方の秘書のような人が、すかさず、コーヒー係をかって出た。

が、わたしはなんだか人数の多い中で、社長に時間をもらうのは申し訳ないと思い、こう言ってあわてて企画書を差し出した。

「社長、時間なさそうだから、早口で言いますよ。書きたいのは、これと、これ！」

そうやって、『宇宙銀行から好きなだけ♪お金を引き出す方法』の復活本の企画書と、レワードの企画を見せたとたん、社長は、こう言ってくれたのだ。

「いいねぇ！　おもしろい！　両方、出そう！」

えっ⁉　まじすかっ⁉

秒で、わたしはOKをもらえたのだ。

難儀し、説得しまくるしかないのかと思っていたレワードの本に！

レワード、やったね♪

**高次元の領域から大きなサポートや誘いが入ると、物事は超ハイ・スピードで、あっけなく叶う♪**

実は、それをわたしは、これまでもう何度も経験しているわけだが、この〝秒〟の回答には、とても感動した。

そして、もう一人、入ってきていた人は、なんと、わたしの担当になる編集者だったのだ。社長は、こう言って、彼女を紹介してくれた。

「ああ、佳川さん、ついでに、今日、もう、会わせておこうと思って、彼女を呼んでおいたんだよ。彼女が、佳川さんの担当になるから、よろしく♪」

担当編集者さんも、思わずこう言ったものだ。

「はっや!! すごっ! こんな速さ、驚きです。あんまり、こんな感じ、ないですよ。パワフルですねぇ〜!!」

そのとき、わたしは、社長の優しいお心くばりと、その段取り力のすごさにも、大感動した。

そして、レワードが、その瞬間にすべてが決まることをわかっていて、わたしを誘ったことに対して、その神秘力のすごさにも、ジーンと感動していた。

そして、わたしは、いま、これを書いている！

## レワードは、語る☆僕たちが、地球と交信する理由

この本を出すことが決定し、すべてが動き出したとき、わたしは、書く前にと、レワードに、聞いておきたいことがあった。

それゆえ、わたしは一番聞きたいことを、レワードにストレートに聞いてみた。

「それにしても、どうして、金星のあなたが、地球を守ろうとするわけ？」

すると、レワードは、こういった。

「なみ……いいかい、僕たちにとっては、地球はまったく無関係の別の星ではないんだ。宇宙の兄弟姉妹のようなものなんだよ。

その、兄弟姉妹が、危機に直面しようとしているのを知った限り、助けたいと動き出すのは、当然のことだよ。

君たち人間も、兄弟姉妹、仲良くしているだろう？　それと、同じさ。

**僕たち惑星、そして、地球も含めたすべての惑星たちは、互いにエネルギー的連鎖を保った中でのみ、存在することができるんだよ！**

もし、たったひとつでも、この惑星や星々のどこかに危機が迫っているとしたら、僕たちは迷わず、躊躇せず、すかさず、積極的に、助けに行くんだよ！

この地球を助けるには、僕たちが一方的に地球や、この地上の特定の人にのみ、サインやメッセージを伝えたり、なにかしらの現象を創り出したり、見せたりするだけではダメなんだ。

というのも、この愛しい青い地球を支配しているのは、僕たち惑星の生命体ではなく、君たち人間という生き物だからね！

その人間の地上でのふるまいや、意識改革を積極的に行うことなしに、もはや、この星を救うことは不可能なんだよ。

この地球を澄んだエネルギーで満たすのも、汚したり壊したりするのも、人間次第というわけさ。

君たちの住む地上、大陸は、エゴと争いと権力とお金の間違った使い方によって、また人災による天災の引き起こしによっても、滅びることになるだろう。また、ウイルス、化学物質、化学兵器、人間を必要としない科学的進化によって、機械的に創られすぎた世界によって、滅びることにもなるだろう。

**危機的状態を改善するには、危機に直面してからでは、遅いんだよ！」**

## 選ばれし人☆その、選ばれし点

しかし、と、レワードは続けた。

「この星を救うというとき、誰を使ってどうやって？　というのを、僕たちは地上を見渡して、見出すんだ。そこには　あらゆる人種がいる……

たとえば、この世の中には、ごく平凡に暮らす主婦の人もいれば、何も知らない子どももいる……成功者もいれば、重要なキーパーソンもいる……

しかし、最も、広く、大きなメッセージを、まちがいなく人々に届けるには、影響力を持っている人間でなくてはならない。それは、有名無名は関係ないんだ！

僕たちにとって、そこはまったく重要ではない。

**しかし、影響力ほど怖いものはないんだよ。責任がともなうからね。良いも悪いも、**

**影響が出るわけだからね。**

ひとたび、まちがった影響力で、なにかが世に出まわり、世界を支配しはじめたとしたら、たちどころに人類の狂いが生じる……

そうなると、僕たちが地球を救うサポートをしたいとしていることとは、正反対のことが起こるわけだからね。

僕たちが探し求めていて、一緒にこの活動をしてほしい人には、ある点が必要なんだ！　……少なくとも、僕は、君の中にそれを見た。

**その点とは、つまり、〝空っぽになることができる人〟であるという点なんだ。**

**たんに、純粋でピュアな心があるというだけでも、だめなんだ。**

つまり、このメッセージを受け取るために、完全に〝真空状態〟の空っぽになって、高次交信のために、よろこんで自分を明け渡してくれる人でないと、こちらからのサインやメッセージが届かないし、ミッションが果たせないからね。

いや、それ以前に、交信不可能だろう。真空状態でなければ。

そして、あとひとつ、大切な点は、〝目に見えないもの〟を、視る力を持っていることさ。

選ばれし人を見出す際、このことは、とても重要なこととなってくる。

たとえば、人間には心があり、考える頭があり、エゴがあり、支配欲もある。そういったものがすべてピュアで、エゴのない状態に、たとえ一瞬でもなれる人でないと、僕たちはその瞬間の隙間に入ってはいけないだろう。

しかし、あの日、あの瞬間、僕は見たんだ！

初めて君をみつけたときに、内なる自分と完全につながることができる自己を持ち、とんでもない直観力を持ち、クリアな視る力を持ち、エネルギーに触れることができる君を！

地上の人間の中には、人とは違う何らかの特殊な力を手に入れたとたん、なにか自分がすごい存在になったかのように、威張る人もいる。
そして、人を支配しようとするような悪企みをする者も出てくる。

しかし、僕たちは、そうならないように自分を戒める力を備えた人たちがわかるんだよ。そして、いつでも、そういう人を待っている！

絶対的に求められるものは、僕たちから聞いたメッセージを、自分の中にだけおさめるのではなく、それを心で、愛で、正しく広げる力を持っていること！

そして、行動力があり、〝この人に伝えたら、間違いなくそれを人に役立つよう良い形にすべく、その行動をすることになる〟とわかる人を、僕たちは見出し、コンタクトし、共に動く必要があったんだよ。

……そして、わかっているさ……一時期、君自身に大変な時期があったことを……僕たちも哀しんだよ……

いますぐ、尊いものを扱うことをお願いしたい君が、人間社会の中でもがいているのを僕たちはそっと見守るしかなかった……

しかし　その後、君は立ち直った！

そして、僕たちは、〝いまだ！〟と行動にうつし、君の言葉を、話すことを、真摯に受け止めてくれる出版社を僕たちはみつけたんだ。

それが、いま、君が出すことになる出版社であり、そこのプレジデントだよ！

彼は、超越したクリエーティブなソウルを持っており、彼なら僕たちの存在がわかり、それを世に出す最も強力なキーパーソンとなることを僕たちは知っていた！


そうして、君は、あの日、遂に、彼のところへ行き、まさに僕たちが望んだ形で、ミッションを実現させたんだよ。


……長い道のりだったね。

君が動き続けていたことを僕たちは知っている☆

そうして、世に出ることが決まった日、僕たちは拍手喝采で、君の頭上にいた！

その夜、君は僕を感じ取って、朝4時に飛び起きて、聞こえてくることを、書き続けたね。

でも、それで、「よかったね」という終わりでないことは、きっと、君もわかっているだろう……

実は、ここからが始まりなんだよ！
地球再生のスターティング・メンバーの一人である君から広がる、大きな影響力をきっかけにして、人々を目覚めさせることになるのは！

人を救うことが、地球を救うことになるんだ！
人の心を、考え方を、行為を、生き方を、魂を救うことが、地球を救うことに直結している！

というのも、地球は、人間の住む星だからこそ！

そのシンプルなことへの正しい理解がちゃんとなされないばかりに、人は狂い、違う方向に救いを求め、より一層、おかしくなっていくというわけさ。

人間が迷い、狂うと、地球は滅ぶ！
地球を滅ぼさないためには、人類再生が必要不可欠で、それをここから、君に伝えていこう！

次の交信を待っていて！　なみ、愛しているよ」

いつからかレワードは、消えゆくとき、必ず、「愛しているよ」という言葉をわたしに残してくれるようになった。

それは、人間の男と女の、ぐちゃぐちゃした恋愛的なものではなく、大いなる宇宙の愛☆

その言葉の置き土産のおかげで、わたしは感動で涙しながら、よろこびで魂をふるわせながら、いつ、どんな時でも、レワードからのメッセージを心から受け取ることができ、しっかりその真実を告げる準備ができるのだ。

## それが現れたら、こうなる！

ひとたびレワードが現れ、メッセージが降りはじめるや否や、わたしは自分という個人の生活レベルのすべてが、自分の中からなくなる。そして、わたしは、わたしという人間ではいられなくなる。

空っぽになって、完全に「受信機」になることに徹するしかなくなる。

交信がはじまると、ほんの短い何分かの間に、洪水のような莫大な情報量のメッセージが超ハイ・スピードでやってくるので、それを一言も漏らさぬようにと、パソコンに打ち込むのに必死でしかない。

といってもそれは、忙しいというのでもなく、慌てなくてはならないという感じでもない。
**むしろ、超ハイ・スピードなのに、超スローモーションのようにも感じ、わたしは、必死で打っているようでいて、実は心地よくリラックスしており、とても不思議な感覚に包まれる。**

この世のどんなものからも生み出されることのないような崇高さで癒され、美しい高貴なエネルギーのこまやかなバイブレーションに包み込まれるので、体は楽で、頭はクリアで、心はオープンで、純粋で、爽快!!

いつもより速いスピードでパソコンを打ち込めてしまう、そのときの自分の能力にも驚いてしまうほどだ。

ちなみに、わたしは、作家生活のこの20年間、パソコンで本を書く際には、「ひらがな」打ちで入力している。

その「ひらがな」が、もう、瞬速でばんばん目に飛び込んできて、自動書記のようになるのだ。しかも、その速さはとても心地よく、快適で、酔いしれてしまうほどなのだ。

速さに酔いしれるという経験は、この交信時にしか、ない。交信のときにだけ味わえる不思議な感覚なのだ。

きっと、やっているのは、わたしではなく、わたしを動かすレワード！

そうでしょ？

そして、交信が終わっても、わたしはしばらくその素晴らしく高い周波数のエネルギーの毛布にふわふわ包まれたままでいて、ぼーっとしていて、すぐには席を立てないほどだ。それは疲れきっているのではなく、癒されている！

その究極の癒しとリラックス感の中にあるランナーズハイのような幸せな状態は、鎮めるのに30分以上は、かかる。

なんといえばいいのか、この感覚を！

わくわくとか、うれしいとか、高揚するとかとは違うし、興奮とも違うようなもので、ランナーズハイということなのか？……

何度か経験してから、わかったことは、それこそが、「至福の極致」の高揚ということだった！

**その「至福の極致」の素敵な高揚は、長いときは一日中続いており、もう涙があふれて止まらなくなる。**

哀しいわけでもない。とにかく、心の奥？　魂の底から？　なんともいえないあたたかい、温泉のようなエネルギーがこんこんと湧き上がってきて、わたしを満たす。

その「至福の極致」の高揚があまりにも高い状態で続くときには、レワードからのメッセージを受け取り終わり、用事をすべく外に出て歩いていても、喫茶店でコーヒーを飲んでいても、おかまいなしに涙があふれてきてしまい、ハンカチとマスクと帽子なしでは、外にいられないほど、とにかく大洪水の涙があふれる！

そうして、ようやく落ち着いて、わたしは自分がパソコンに打ち込んだものをみて、驚く。というか、笑ってしまう。

とにかく、書きとめるのが必死だったせいで、カタカナやひらがなや漢字がぐちゃぐちゃに打たれていて、それをみると、まともに漢字変換する間もなく打ったという形跡だらけだからだ。

そして、落ち着いてから、ようやく、それを整えることができるのだ。

# 真実はいつも、ある特徴を持っている☆

金星☆高次元生命体のレワードのことを、わたしは心から信頼しているし、愛している。誰がこのことを信じてくれなくても、すべてがわたしにとっての真実だ。

そして、レワードの高い周波数をあびたあと、わたしは、いつも、しばし、放心状態のような感じになる。その状態の時間がどれほど続くかは、まちまちだ。

それは、出産の際、自分のお腹から赤ちゃんが出たあと、あわただしく、お医者さんや看護師さんたちが、赤ちゃんのケアをし、わたしのところに戻ってくるまで、完全に放心状態になっているあのときと、同じだ。

出産を経験した人には、なんとなくわかってもらえるかな？

あの瞬間の、あの放心状態は、大仕事をした者にとっての絶対必須の無の状態だ。

自分のエネルギーを取り戻すためにね。

そして、真実は、いつも、ある特徴を持っている！
それは、次のようなものだ。

**《そこに真実がある！　その特徴☆》**

1✴それにふれると、あたたかい気持ちになる。
なんともいえない心の底から湧き上がってくるような
よろこびに満たされる。
無条件の幸せ、至福が、そこにある！

2✴それを知ったり、それにふれたり、それを体験できてよかった!!
これは、いまのわたしにとって必要だった！　と、
素直にそう思えるような素晴らしい価値がある。

3✴すごくシンプルだけど、とても重大なこと、大切な要素が

そこにあるのがわかる。

4✴感動と涙だらけになる。

5✴自分にも役立ち、他者にも役立ち、社会にも役立つことになるであろう要素があり、とてもいいものだと、素直にわかる。

6✴視界がパッと明るくなり、目覚めたようになる！

7✴ずっとそれにかかわっていたい、ひたっていたいというくらい、幸せな気分が続く。

とにかく、それが、高次元の存在であれ、人であれ、物であれ、出来事であれ、現象であれ、なんであれ、それが自分にとっての真実であり、本物であり、高い波動のものであるならば、このような特徴があるもの！

## Resonance 3

# あなたを救う“高次からの導き”がある☆

あなたはいつも導かれている！
そしてその先で、誰かを導く人となる！

## 人は、いったい、なんのために生まれてきた⁉

人が道に迷い、人生がうまくいかないとき、もはや、それまでやっていたことが通用しなくなったとき、ひとり、強烈に感じることがある。それは、自分の無力さ。

そして、そのとき、たどり着く思いはというと、

「いったい、なんのために、自分は生まれてきたんだろう？」というもの。

そんなことを、かつてのわたしも何度も経験している。そして、そのたびに自分なりに答えを出してきたけれど、それを、わたしは、レワードに聞いてみたいと思った。

「レワード、人は、いったい、なんのために生まれてきた？」

レワードは、なぜか、とても晴れやかで、よろこばし気な顔をして現れ、こういっ

た。まさに、それを伝えたかった！　と、いうかのように。

「おいおい、それを僕に聞くのかい？（笑）聞くべきは、自分の内側さ。
本当は、君たち誰もが、それを地上に降りる前に自分で決めているというのに！

いや、地上に降りるかどうかさえ、自らの選択と意図で決定したというのに！

しかし、僕からはこう伝えよう！
**人は、誰も皆、自分自身をまっとうするために生まれてきたんだと。**
**それは、とても重要な意味を持つことなのさ。**

そして、君は、今世、いま、ここに、その君で生きていること自体に意味があるんだ！　そこに宇宙の意図、神の意図、創造主の意図と計画があり、すべきことがあり、
それゆえ、君という唯一無二のユニークで個性的な、ただひとつの存在価値があるんだ！

そんな君たち人間も、かつては、そう、この地上に生まれ出る前には、僕と同じ、エネルギーの領域、高次の光の中にいた。魂の世界というところにね。

魂は、それぞれ個々に、異なる性質とエネルギーと波動を持っており、次へと進化するために、次元シフトするために、道を自由に選べるんだ。

そして、あるエネルギー（魂）を持つ者は、〝もう二度と、地球に人間として生まれない〞ことを選び、エネルギーの世界にとどまり、そこで存在することになる。

僕と同じように、さまざまな惑星をサポートすべく、愛と正義と平和とさらなる宇宙進化のために、目に見えない世界に存在し、そこから目に見える領域・目に見えない領域、すべての領域に、必要な活動をすることを決める者もいる。

これとは逆に、あるエネルギー体（魂）を持つ者は、〝あの美しい青い星・地球に行ってみたい♪〟〝もう一度、人間の世界を経験してみたい！〟とそれを選び、再び、地上に降りる者もいる。

たとえば、前者のように、〝もう二度と、地球に人間として生まれない〟と決めた者は、永久不滅のエネルギーボディーとなり、自分の意図、つまり、フリー・セレクトによって、水になったり、木になったり、土になったり、火になったり、風になったり、星になったり、太陽になったり、することができるのさ。それは、形のことではなく、エネルギー!!

**そんな、永遠のエネルギーボディーの世界には、破壊も破滅もない。永久不滅さ！**
**そして、時間も垣根もない。**

好きなときに、好きなところに、自由に、一瞬で、瞬間移動できる！
どんな星にも行け、誰のところにも行け、誰にでも語りかけ、誰とでも何とでも、コミュニケーションができるんだ。

誰かや何かをサポートしたり、他の星々に必要なエネルギーサポートも行える！

しかしだ……いいかい！

永遠のエネルギーボディーになって、フリー・セレクトで、自分というエネルギーを永久不滅のものとし、永遠に光に満ちあふれた世界に存在するためには、地上でのすべてのミッションを終えておく必要がある。

つまり、やり残しや、未練があっては、難しいんだよ。

いや、あるいは、そうではなく、〝地球が好き、地上の生活が好き〟〝人間が好き、だから、まだまだもっと人間という生き物でいたい！〟という思いがあるうちは、永遠のエネルギーボディーになるまでには時間がかかる。

その魂が、人間という肉体のある生き物として生存するときにのみできる〝経験〟というものに、興味が尽きない場合や、その経験を重ねて霊的進化をし、自分のエネルギー体を育《はぐく》みたいという思いがあるうちは、もう一度、地上に、人間として生まれることになる。

そして、永遠のエネルギーボディーになるのか、もう一度人間としてやっていくのか、どちらになるのがいい・悪いということではないんだ。

君たち、そもそもエネルギー体（魂）は、そのとき、その時点で、それを選んだというだけのことだからね。

君たちのいる地上の人間社会というところでは、何がいいとか悪いとか、すぐに何かを判断したり、批判したりして、ジャッジする習慣があるようだけど、この僕たちのいるエネルギーの世界には、そんなものは、一切、ないんだよ。

すべてが自由で、すべてが正しい！

そして、すべてが一瞬で通じあってしまう領域だからこそ、隠しごとも、嘘偽りも、ない！　クリアで、透明な、純粋な世界さ！

**暗黙の了解で、すべてのエネルギーが互いの存在理由を、無条件に受け入れ、認めあっているだけなんだ！　調和するためにね。**

この青い星・地球に、もう一度、生まれ落ち、人間として魂の経験を重ねることを決めた君たちは、どこの国に、どの親のもとに生まれることになるのかも、自ら選んでいるんだ。

エネルギーの世界では、意図することなしに、生まれ出《い》でるものは、なにひとつ、ない！

それゆえ、君たちが、今世、いまの自分でそこに存在しているということは、君たち自身が選んだからであり、君たちの魂が経験したかったことなのだよ。

その記憶を、人間は、この地上に生まれ落ちた際に、完全に忘れる。忘れているだけだから、思い出せばいいだけなんだ。

思い出すとき、〝わたしは、何のために生まれたんでしたか？〟と、それを他の人に聞いても、わからない。

自分の内側の奥深くにのみ、そう、魂という宝庫にのみ、隠れているものだからね。だから、思い出したいときは、魂のその宝庫をひらけばいいだけなんだよ。

その魂の宝庫をひらくには、自分の心と向き合う習慣がなくてはならないし、自分の肉体をいたわらなくてはならない。

心と体のケアをし、コンディションを整えることでのみ、魂は開くことができるのだから！」

## 今世でのミッションを見出す方法

金星☆高次元生命体であり、超高次意識体の永遠のエネルギーボディーでもあるレワードは、わたしたち人間を、なんとかうまく目覚めさせ、この地上での時間を幸せに、任務をまっとうしてほしいと願うかのように、慈愛に満ちたまなざしで、こう話してくれた。

「なんのために生まれてきたのか？　については、自分自身をまっとうするためだと言ったね。

そして、今世、君たちがそこに、いま、いるということは、まちがいなく、今世、人間という生き物として霊的進化の旅をすると、望んだからだろう。それを意図し、よろこんで受け入れたからこそ、いま、君は、ここにいる。

とにかく、もう一度、人間として生まれると決めた。

そのとき、前世でのやり残しが気になり、続きを行うために、再び、生まれてきた者もいれば、果たしきれなかったことを果たすために、そのミッションを遂行するために生まれてきた者もいる。

あるいは、今回は、ただ、地球上の人間生活を、たんに楽しむだけに生まれた者もいるし、より厳しいものを自分に経験させ、魂を磨き高め、亡くなったあと、今度は永遠のエネルギーボディーになりたいと、最期の地上生活のために生まれた者もいる。

**どうあれ、宇宙には、なにひとつ、〝まちがい〟は、ないんだ！**
**すべてが完璧であり、すべてが最善さ。**

だから、君がいまここで君自身を生きていること自体が、必然であり、最善であり、パーフェクトな瞬間なのさ！

そのパーフェクトな瞬間の中に、ミッションはある！

そのミッションを思い出すときは、頭に向かって考えてはいけない。頭の中にあるのは、理屈と理論だけさ。そもそも考えるものではなく、心から湧き上がってくるものこそ、真のミッションさ！

それは、湧き上がってくる。心の奥深くからね。そう、君がちゃんと、君自身に向き合い、心の中で自分と対話し、素直に言葉を聞く習慣があればね。

そして、湧き上がってくるとき、思い出したことになるんだよ。魂の宝庫に隠されていた〝生まれてきた意味〟や、〝今世の人生でやるべきこと〟が。

君が、〝やるべきこと〟というのは、やらなくてはならないことではない。

やりたくて、それなくしては生きていけないというくらい、感動的なこと、好きなこと、楽しいこと！　また、興味が尽きないこと、探求したくてたまらないこと、それこそが生きるテーマだ！　というもの。

やりたくて仕方のないそれ、やらずにはいられないそれを見出すまで、人は、塞がったような人生、トンネルの中に入ってしまったような先の見えない状況に、出くわすものさ。

しかし、なぜ、そうなるのかというと、自分には生まれてきた意味なんてないと考えてしまうからだよ。自分には何も価値がないと思い込み、自分に良いものを与えることをしないからだよ。

自分が自分に価値ある良いもの、そう、それが夢や希望や理想であれ、なんらかの知識であれ、技術であれ、仕事であれ、なんであれ、自発的に良いものを与えなければ、他人は誰も与えてくれないさ。

もし、君になにか良いものを与えてくれる自分以外の人がいてくれるとしたら、それは、君が自分に価値あるものを与えているという、その真実と価値を知った人さ。

いいかい！　肝心なことは自分自身と本気で向き合うことだよ。自分自身と向き合わず、ちゃんと、対話せず、素直な心の声や叫びを聞かず、他人の意見ばかりを聞きすぎると、大切な何かが、ズレるのさ。

その大切な何かとは、自分の運命。
君は、自分の人生を、自分の心の中にある思いで動かそうとしているだろうか？
たとえば、他人は、君の本当の姿を知らないものさ。それゆえ、君が何か偉大なことをしようとするほど、やめておけと止めるもの。君になど、そんなことはできない！　とでも、いうかのようにね。

しかし、そうではない。いつだって、君には無限の可能性があり、なんだってやれる！　それを望んだか望まなかったかが、問題なわけでね。

すべての人の中に、偉大な存在理由がある！

自分の内側に向かえば、それを見出すことができ、もっとイキイキと人生を謳歌し、あの、生まれてくる前に決めていたことを完全に思い出し、みごとに遂行できるのさ！　その決めていたことは、いつでも、無条件に好きなこと、なぜかやたらと惹かれるものの中にある！

そして、時には、絶望の中に、哀しみの中にね」

## 直感で生きよ☆そこに、高次からの誘いがある！

「あっ、そうそう、誤解のないように、伝えておかないとね」

そう言って、レワードは、この本を読むことになる、本の向こう側にいる人たちに、こうメッセージを伝えてきた。

「もしかして、君は、自分は高次元生命体のエネルギーより、低いエネルギー体なんだと思ってやしないか？

まさかね。そうじゃないんだ！

実は、君と僕は同じ高次の周波数を共有しているんだよ！

君と僕が、つながれるのは、同調できるからであり、同調できるということは、同じ周波数を君も放っているということさ。

しかし、**僕と君がつながるには、高い良質のエネルギーで同調する必要がある。その高い良質のエネルギーこそ、愛、よろこび、感謝。**

君がそのエネルギー波動の中にあるとき、僕は君と無条件に一瞬でつながることができ、コンタクトをとることができ、必要とあらば、君を助けるための、君の力になるためのサポートを、よろこんで申し出るよ。

しかし、君は、このことをこれまで知らなかったね。ああ、当然のことさ。
まさか、自分が高次領域とつながることができ、そこからサポートや誘いを受けることができるとは、思ってもいなかっただろうからね。

そんなことは、特殊な一部の人間にだけ可能なんだろうと、無関係の世界のように思っていたことだろう。

しかし、わかっていてほしい。僕たちは君をサポートできるし、力になれることは多々あるんだ。

そのとき、僕たちは、直接自分の手で何かをするわけではない。当然だろう。僕はエネルギー体であり、姿・形がない存在だからね。

となると、どのように？　って。

そこを説明しよう！

僕が君をサポートしたり、なんらかの誘いをするという際には、僕らは、まず、君の中にある〝目に見えない領域〟である心の奥底の超高次意識、つまり、潜在意識の領域や、波動のバイブレーションを通して、君と接触をすることができる。

そのとき、君の中に、なにかしら「直感」や「閃き」や「アイデア」という形で、サポートを開始することになる！　そこには、言葉がある！

すべてのカギは、突如やってくる言葉、メッセージの中にある！　それがこちらの世界からのコンタクトであり、誘いのサインなんだよ！

いいかい！　覚えておいて！
直感や閃きは、僕からの、いや、高次元の領域からの、〝君にとっての最善の道〟へと誘う、宇宙からのギフトだと」

そういって、レワードは、また、莫大な量の情報をわたしに引き渡した。
その続きを次のページでお伝えしよう。

## 君を〝運命の場所〟に運ぶ、宇宙からのギフト♪

直感について、その続きをレワードはこう伝えてくれた。

**「君にふいに、突如、必要なタイミングで、求めていた答えとして、もたらされることになる直感、閃き、アイデアは、〝目に見える世界〟と〝目に見えない世界〟をつなぎ、思いを行動へと駆り立て、そこからこの地上で現象化するために必要不可欠な、〝運命の誘い〟なんだ！」**

そして、さらに、語った。

「その高次からの直感は、君に、何かクリアすべきことや、叶えたいことがあり、そのために、直感や閃きやアイデアや、良いヒントがほしいというときに、こちらからの助け船として、君の中に、投入されることになる。

といっても、僕たちは何でもかんでも、君の中に介入するわけではない。
まず、君自身にゆだねて、運命が動くことを願っている。

しかし、君が、クリアすべきことや叶えたいことのために、長く、あるいは、深く、思い悩みつつも、それでも必要だと思うことを惜しみなくやり、自力を尽くし、自分に可能なすべきことはすべてやり遂げており、〝これ以上、もう、自力では、どうすることもできない〟という、極限状態に入った瞬間、ようやく僕たち高次元からのサポートは差し出されることになるんだ！

そこまで、僕たちは、介入できない。

というのも、その状態は、苦しみではなく、君にとっての必要な経験であり、学びと成長でもあるからね。
それに、君自身が、地上である程度まで、「場面」を進めておいてくれなくてはね。僕たちが、地上の君の、ひとコマ、ひとコマの「場面」すべてを、細かくさわるわけにはいかないいんだ。

僕たちは、おせっかいはしない。でも、サポートはできる！

とにかく、**究極の空白ともなる極限状態では、人間的な思考は停止し、それによって、君の中に、一瞬、〝無のスペース〟が、自動的に生み出される！**

その瞬間を僕たちは、決して見逃さない！
そのとき、瞬間的に必要なコンタクトをとれるし、サポートを投入できる！

そして、引き渡せるんだ！

君のつかむべきものであるヒントや答えや方向性、そして、結果へのパスポートとなる、直感、閃き、アイデアをね。そこから、君は、一気に、たどり着くべきゴールへと進むことになる！

いいかい！　**直感や、閃きや、アイデアが、投入されたら、決して無視せず、素直に、キャッチしてほしい！　なぜって、それこそが、チャンスであり、高次からの愛と奇跡のサポートなのだからね。**

そして、キャッチしたら、ただちに行動を起こすんだ。

そうすれば、僕たちのサポートは、君のクリアすべきことをクリアさせ、叶えるべきことを叶えさせ、望むものを得させる、そんな最善・最良・最勝のギフトそのものになる！

それは、本来なら、しなくてはならなかった数々のこまごましたことを一気に飛び越え、直接、君の望む場所へと、夢見た世界へと、着地させるものとなるだろう。

高次とつながり、直感や、閃きや、アイデアを、受け取る人でいたいなら、頭の言う理屈に従うのではなく、〝心の声〟（内なる感覚）に従う人でいること。

**自分の感覚を信じ、自分はすべてを知っている者、自分は守られ導かれている者なのだとして、内側にやってきたものを扱うことさ！**

ひとたび、それを採用したなら、運命の扉は大きくひらくことになり、新たなステージへとシフトし、君は、見違えるような、感動的な人生の中に入っていくことになるのだから！」

## 直感と、そうでないものとの違いとは⁉

「直感、閃き、アイデアという、高次元からのギフトがやってきたなら、そのとき、それがそうだと、一瞬で、君には、はっきりわかるはずさ！

説明なしに、君は理解できるだろう。

なぜなら、それは、光を帯びているからさ！　やってきた瞬間、ピカッと光る！
それは、君の霊的回路にも、伝達されるからさ！

**目に見えない世界という〝高次領域〟からの介入がある場所には、必ず光がともなう！**

**ピカッと光るんだよ！**

そして、それをキャッチしたときから、すべてが良くなる！

高次の世界からやってくるものは、すべて、光を見せるものであるからこそ、君はその光で、パッと目覚め、突如、自分の中にふってきたものに対して、〝これがそうだ！〟とはっきりわかるし、〝これだ‼　これ以外には、ありえない！〟というくらい、受け取った瞬間、それに感動し、納得し、よろこぶことになる。

高次元からやってくるものは、すべて光っている。

光はそれ一瞬で、それが希望の光になるものであり、僕たちからのサポートであると、いつでも、君には、すぐにわかるさ。

そこに、なんの説明も必要としない。なぜなら、それは君の中にある高次の領域と僕がつながっている証拠として、僕たちがサポートしているサインとして、起こる光だからね。そのとき、君は感動にふるえ、無言のうちに正解だと感じ、それをつかむ！」

そして、レワードは、「君が迷わないように」と、そっと教えてくれた。

高次元からのギフトである直感や閃きやアイデアと、まったくそうではないものについての違いを！

**《高次元からのギフトであるものと、そうでないものとの違い☆》**

1✳やってきた直感・閃き・アイデアが、高次元からのギフトなら、その言葉や回答がやってきた瞬間、ピカッと光り、一瞬で目覚めたような感覚になる。視界がひらき、世界がひらき、運命のドアがひらくというような、よろこばしく、ほこらしい感覚になる！

そして、「これだ！」という言葉が自分の中で明るい気持ちでつぶやかれる。

逆に、そうでないもの（つまり、ただの思い込みや、自分の頭の理屈が考えたこと）は、ピカッと光る感覚はなく、ぼんやりしていて、もやもやは消えない。スカッとしない。

2✳やってきた直感・閃き・アイデアが、高次元からのギフトなら、「これしかない！」という確信があり、もはや、それ以外はありえないと、理屈抜きでわかる。

逆に、そうでないものは、「今やってきたこれは、高次元からの直感かな？」などと、なんだか疑わしい感じがし、採用する気になっていない。
本当かどうかを確かめたい気持ちになるというような理屈が働いて、考えこんでしまうもの。

**ちなみに、高次元からもたらされるものは、それが直感や閃きやアイデアや**

その他なんであれ、あなたを悩ませたり、迷わせたり、疑わせたりするものが、一切なく、いつでも、回答は、ド・ストレートで、シンプルで、わかりやすい！　そして、採用するしかない！　という感覚になる。

3 ✳やってきた直感・閃き・アイデアが、高次元からのギフトなら、「その通りにしたい！」という、圧倒的感覚があり、抗しがたい！

むしろ、そうする以外、最善の道はなく、そうすることでここから何かがより良くなるのをも確信できる！

そして、直感・閃き・アイデアとしてやってきたその言葉や回答に対して、ただちに行動を起こしたい!!　という気持ちになり、突き動かされ、そうせずにはいられない。

逆に、そうでないものは、どうも素直にそれで手を打つ気がせず、待てよという感じがし、それを採用して失敗したらどうしようという尻込みするような気持があり、それゆえ、採用しないし、行動しない。

4✳やってきた直感・閃き・アイデアが、高次元からのギフトなら、そこにある何らかの言葉や回答を採用したとたん、物事が急展開し、良い流れに入り、シンクロニシティ（共鳴・共時現象）、思いもよらない幸運の偶然、円滑現象、ハッピーフロー（幸運の流れ）に乗って、スイスイ、スムーズに、目的地にゴールすることになり、望んだ結果がポンッと現れる！

逆に、そうでないものは、もやもやしながら採用したとて、なにも有意義なことが起こらない。

そして、レワードはこう言った。

「いいかい！　高次からのサポートは、いつでも、絶妙なタイミング、君にとってのグッドタイミングで、やってくる！

そのタイミングでなくては意味がないんだ。タイミングがズレると効力が消える。

**とにかく、それは、君のクリアしたいものや、叶えたいもの、成功させたいもの、望むものに、効率よく効果的に対応するものであり、早すぎず・遅すぎたりしない！**
**まさに、〝ちょうどいい時に!!〟という、時空の魔法をたずさえている！**

僕たちは、いつも、間にあうのさ！
君の最善・最良・最勝のタイミングに、必然的、運命的タイミングに!!

それをちゃんとつかみたいというのなら、忙しく他人に何かを聞きまわるのをやめ、頭の中であれこれこねくりまわして考えるのをやめ、一人、静かに自分の心に向き合う瞬間を持つことさ。そして、リラックスする時間、ボーっとする時間を持つことさ。

そうやって、高次元が介入できる〝無のスペース〟を、僕に与えてほしい！

そして、日頃から、自分の中にやってきたものや、心の微妙な変化をしっかり感じ取れる人でいてほしい。

たとえば、ある一つの考えや言葉がやってきたときの、〝最初の印象〟をよくみてほしい。また、そのやってきたもののどこかに、心がかげるものや曇るものはないか。気分やムードのトーンが少し落ちるところがないか、それともわくわくするかなども、チェックするんだ。

**それが何であれ、注目すべき、採用すべき正解には、浮かんだ瞬間、うれしい高揚感、ぞくっとする感動や、ホッと安堵するものがあるはずさ！**

いつでも、正解の中には、光はあるが影はない。よろこばしいが哀しいものはない。

また、反論したいという点もない。
また、それ以上も、それ以下もありえない。ちょうどいいんだ！」

## 最善と正解を手にするために

「高次元からやってくる直感・閃き・アイデアを味方につければ、もっと君たちは楽に前に進め、楽に結果を手に入れ、とても生きやすくなる。

なぜって、いつでもそれは、ショートカットでゴールする、そんな魔法の働きを持っているからさ。

そして、本当ならゴールにたどり着くためにやらなくてはならないと思っていた物事たちが省かれ、やらずにすんだり、急展開が起こったり、叶えたいとしていたことや成功させたいとしていた状態が、突如、ポンッと結果そのものとして、もたらされるというようなことさえ、起こるからさ。

**時空を超える力を持っているんだ、高次からの直感や閃きやアイデアはね。**

**ひとことでいうと〝先渡し〟さ。結果にダイレクトアクセスできる方法の！」**

そして、レワードは、途中、消えながらも、まだまだ語った。

「そもそも、原始時代の人は、そういう、直感、閃き、アイデアを大切にしていた。直感的に感じるものや、予感するもの、肌で感じる空気、目には見えないけれどそこはかとなく流れている気配、そんなものを大切にしてきた。

そういうものを大切にしていたから、危ういものからうまく身を守ることもできたし、いまの時代より何もなかった暮らしなのに、何も困らなかったのさ。

そして、みんな、仲良く助けあって生きていた！

素晴らしいと思わないかい？

しかし、文明が開化し、時代は進歩し、人間たちはより多くの場面で頭を、智慧を使うようになってきた。

頭を使うのは結構なことだけれど、間違った理論や理屈が構築されていくほど、頭の理論にのみついていくほど、利己的なおかしな智慧がつくほど、エゴと権力についていくほど、直感や本能的なものは、引っ込んでいくことになる。

それは、ある意味、残念なこと……

そんな時代の中にいるいま、自分にとっての最善と正解をつかむ方法はというと、やはり、直感的であるということ、自分の感覚を研ぎ澄ますということが、大事なことなんだ。
たとえば、どっちにいけばいいのか、どう生きるのが自分にとっては本当に幸せなのか、というような、自分にとって心から安らげる安堵できる幸せのある生き方を叶えるには、自分の中にある内なる感覚をよくよくみる以外ないんだよ。

自分だけが、何が心地よいのか、何が心地悪いのか、何がうれしいのか、何が辛いのか、そういうことがわかるのさ。

**理論理屈ではなく、感覚的であることで、自分にとっての最善と正解は、つかめる！　そして、感覚的であるほど、高次元とつながりやすくなり、直感や閃きやアイデアも、サポートも、おもしろいほど君の中にやってくることができる。**

地上の人間の中には、〝直感や閃きやアイデアを採用せよ！〟などと伝えると、〝そんなあやふやなものについていってもいいのか？〟と不安がる人もいることだろう。

しかし、それは、理解が足りない証拠さ。

直感や閃きやアイデアは、あやふやなものではなく、確かなものさ！

というのも、ひとたびそれに乗れば、道がひらき、現状がより良く変わり、望んでいた状態にシフトできるのだからね！

それは、君自身がそれを経験して、はじめて自覚できるわけだけどね。

それは、いつでも、それを受け取る寸前まで、あきらめずに何かの答えややり方を探し続けて、奮闘してきた君への、輝かしいご褒美なんだ。

君にとっての最善と正解は、君にとっても、宇宙にとっても最善であり、正解なのさ。

そして、その君にとっての最善と正解は、君にしかわからない。しかし、それでいい。人に説明する必要なんかないのさ。自分がわかっていればね。

それが最善と正解を示すものかどうかを君は、とにかく、はっきりわかる。

というのも、それを受け取るとき、君は、そこにあたたかいものを感じ、ほっとし、落ち着き、安堵するからだ。
また、そこでは一切の気負いがないし、なにかどこかを操作したり、変えたり、修正したりすべき点もない。

**いつでも、自分にとっての最善と正解は、そのままの答えで、完全にしっくりくるし、自分らしいものなんだ！**

他人は、君にとっての最善がなんなのか、正解はどれなのかを、何もわかってはいない。価値観が違うし、目指しているものが違うし、向かっている場所が違うなら、当然さ。
だから、自分にとっての最善と正解について、他人に〝それは、何かしら？〟などと聞いてもわからないのさ。

聞くとすれば、自分自身の心さ！　いつでもね」

## 他人に見せつけるための人生など、必要ない

「まだ君には、もう少し、伝えておかなくてはならないことがある」

そういって、レワードは話を続けた。

「自分にとっての最善と正解を生きるためには、自分が最も安らぐ生き方をめざすことが必要なんだ。

それは、シンプルで、ベストで、パーフェクトなものであり、大きな収入のあるなしや、パートナーのいる・いない、地位や名誉のある・なしに関係なく、すんなり沿えるものになっている。

そして、そこには〝これでよかったんだ〟という、ふつうのレベルで明るく納得でき、気負いなく、リラックスしていられるものがある。

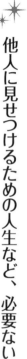

そして、君は、安心して、ふつうに生きていける！

最も、避けたいことは、〝他人に見せつけるための人生〟を生きることだ。

他人にすごい！　などと称賛を求めるがあまり、無理して不本意な生き方をすることだ。

そのために生きづらくなり、どこかで苦しみもがいているとしたら、ナンセンスなんだよ。

**〝他人に見せつけるための人生〟を生きているとき、すぐに自分でもわかるはずさ。なぜなら、そのとき、君は、本当には元気ではない。**

心がむなしく、さみしく、もんもんとし、瞳から光が消え、心は弾まず、輝けない。

たとえ何をやっても、これでもか!!　とがんばっても、まったく満たされないからさ。

そして、それこそが、そんな生き方には意味がない。まちがいさ！　と、自分の魂が教えてくれている証拠さ。

そんな無意味で、無理を強いるだけの生き方が、自分を本当には幸せにするはずもないというのに、ときに人間は、他人の評価や称賛を得るために、辛い何かを無理して行ってしまうことがあるものさ。

愚かなことに、他人に見せつけるための自分を無理に演じたり、世の中に何かを誇張したり、目立つことだけを考え、自分がどんなにすごいかを見せつけようとするわけだけど、そんなことをすればするほど、疲れ果てることになるのにね。

**他人に見せつけるためだけに生きるとき、君は、エネルギーを失う。真のパワーを失う。**

それは、君の命の時間の無駄使いをしていることになり、君というこの世で唯一無二のユニークで個性的で素晴らしい君の存在価値を自ら壊すことになるからだよ。君の今世での本当の運命が開花するのを自ら邪魔することにもなり、神もそれを哀しむことになる。

君を守り、導く、高次の領域の大いなる存在たちは、いつも、君の、〝心からの安らぎを得られる本当の幸せ〟を望んでいるし、君自身、本当は心の底で、それを望んでいるはずなのにね。

いいかい！　よく、わかってほしい!!　僕の涙の意味を！

君がエネルギーを失うということは、この地球もまたエネルギーを失うことであり、地球がエネルギーを失うということは、僕の住む惑星や、他の惑星もエネルギーを失うことになる。

エネルギーは循環しているものだからね。

君がエネルギーを失い、むなしい生き方をすることは、君にとっても、誰にとっても、僕にとっても、他の惑星にとっても、とてもとても悲しいことなのさ！

君の元気が、パワーが、失われるということは、地球が元気を、パワーを、失うということなのさ！

ああ、だから、地球に住む僕の兄弟姉妹たちよ！　いまこそ、元気になるんだ！

君らしく!!
君らしい生き方をすることで、その純粋で、高貴で、輝かしい魂の光を取り戻し、君の真のパワーを復活させるんだ！

それを叶えられないことを「親が自分を馬鹿にするから」「こんな世の中だから」と、親や世の中のせいにしないでほしい。みんながそうやってしまったら、どうなると思う？　多くの人間たちが、自分のエネルギーを失ってしまったとしたら、この地球もエネルギーを失い、生きていけなくなるだろう。

君は、死んだ魚のような、光の消えた、濁った目をして生きたいかい？

いいや、違うはずさ！

**いつでも、真のパワーとなるエネルギーは、君の内側からしかやってこない！内側を良質なエネルギーで満たすんだ！　決して、外側ではない‼**

他人に見せつけるだけの生き方をしがちな人は、本当は、他人に認められていないのではなく、自分が自分を認め、称賛していないだけなんだ。自分が、自分を否定しているんだ。

だから、他人に否定されないよう、何かをしなくてはならないと思い、自分の真のコースから外れた、おかしな生き方になるんだよ。

自分が自分を認め、ほんのささいなことにも「よくやった！」と褒めたたえられるような生き方をするとき、もはや、外側からの評価や称賛は必要なくなる！

むしろ、そんなものを得ようとしなくとも、誰もが君の姿に、言葉に、生き方に、拍手とエールを送り、感動することになるだろう！

いつでも、この地上で、最も素晴らしい英雄は、堂々と、自分を好きになり、認め、愛し、生かし、たたえ、キラキラ輝いている人であり、かつ、他人にもそうあるよう願い、生きている人なのだから！」

Resonance 4

# 夢と願いと
# ミッションを叶える秘訣

ひとりひとりに使命がある！
それを「思い出す」とき、すべてが変わる

## その夢や願いを叶えよ☆そこに、地上での役目がある！

あるとき、わたしは、夢や願いについても、レワードに聞いてみた。そのテーマをなげかけたとき、彼は、ちょっと前のめりになるような感じの姿で、うれしそうに、パワフルに、それを語ってくれた。

「君にも、なにか願いや夢があることだろう。それを持っていることを誇りにしてほしい！

**君は、それを宝庫からみつけたんだ！　心の奥にある〝魂の記憶の宝庫〟からね！**

だから、せっかくみつけたそれを、そっと育んでほしい。花が咲くことになる！

ちゃんと愛し、大切にしたものだけが、しっかりこの世に残る。

そして、それこそが、君が、この地上に〝黄金の足跡〟を残すものになる！

君は偉大なる魂の持ち主であり、その魂に秘めていたものを見つけることができたということは、もはや、君が目覚めた証拠なんだよ！　内なる世界にね。自分自身にもね。

目覚めていないうちは、きっと、君は、真の夢を、つかめない。

目覚めるとは、こうでもある。『わたしは、わたしなんだ！　他の誰ともちがう存在であり、わたしはわたしでいていいし、それこそが史上最強の生き方なんだ！』と、わかることさ。

そのとき、君は、自分を生かすことなら、自分を輝かせることなら、自分を幸せに豊かにすることなら、なんでも、自発的にやるようになる。

目覚めるというのは、そういうことなんだ。自分の見るもの、聞くもの、すべてが新鮮になり、光を帯びているのがわかり、その光に刺激されて、生き方がガラッと変わる！

どんなものであれ、君の夢には、君にしかできないことがある！

君にしかできないそれを、よろこんで、楽しんでやるとき、君は無条件に満たされる！

なぜって、心の奥にある〝魂の記憶の宝庫〟の中から、それをみつけたということであり、それこそが、今世ですべきことを一つクリアしたことになるわけだからね。

そして、君は、その夢や願いを通して、自分の尊い美しい高貴なエネルギーを増やし、輝き、放ち、その光で世の中を浄化し、照らし、引き上げ、良い影響を与え、地球に貢献したことになる！

**君を通してやれることのすべてに、宇宙の祝福があり、高次からのサポートがあるんだ。**

そして、君の夢や願いこそ、宇宙の夢や願いであり、高次の意図であるからこそ、それに本気で向き合うならば、それらは、スムーズに叶うことになる！

本気というと、なんだか必死で、歯をくいしばってやるというイメージを君は持っているかもしれないが、そうじゃない！

本気とは、〝本当の気持ち〟が入ったものであり、本当の気持ちが入ったものは、純粋で、ピュアで、美しく、軽やかで、リズミカルで、楽しくて、ハッピーなものさ！

それを、魂の躍動って、いうんだよ。

そして、君は、魂を躍動させるために、地上に降りてくる前の、あのエネルギーボディーでいた頃に戻るために、地上で復活するために、その夢や願いを見出した！

だから、みつけたその夢や願いを否定する必要もないし、躊躇《ちゅうちょ》する必要もないし、あきらめる必要もなかったんだよ」

## つながれ！　つながれ！　あきらめるな

「もし、君が、魂からよろこべる夢や願いをみつけたなら、素直にそれに向かってほしい。

**その夢や願いの持つイメージや、示すものや、くれる希望やよろこびや幸せや、高い周波数のエネルギーに、積極的につながっていくことだ。**

本気で夢みて、自発的に、それとつながれ！　つながれ！　つながれ！
そのとき、すべてはいとも簡単に叶うことになる。

こちらからつながり、向かっていけば、夢のほうが未来からこちらにやってくる。
君の獲得したいものすべてを携えてね。

夢や願いと、自発的に、どんどんつながっていくことで、その夢が君のための、未来のためのどんな世界を持っているのか、君に何を与えようとしているかが、わかってくるはずさ。

君はその夢と願いによって、何を自分の内側に得ようとしているのか、何を外側に創造し、与えようとしているのか。

自分という人間が、どんなエネルギーを持つ者なのかも、わかることになる。

君は、安堵したい。ほっとしたい。やすらぎたいだけなんだ。

本当は、地位や名誉やお金ではない。その夢をみることが、かかわることが、むかうことが、それをすることが、好きなんだ！

なぜって、魂が求めることだからね。うずうずするのさ。それをやりたくてたまらない！ずっと、そのエネルギーにふれていたいんだよ。

**そこにあるやすらぎは、かつて、生まれる前の自分にあったエネルギーボディーが持っていたやすらぎであり、それを人は、永遠に求めているんだ。**

それは、自発的に求めないと、この地上では手に入りにくいものだからね。

なにせ、高次の領域と地上の領域では、波長が違うからね。しかし、それよりも問題なのは、人間が〝純粋な心〟のみを採用するのではなく、〝理論や理屈をいう頭〟を採用しがちで、その瞬間、心が純粋に素直に感じているものを邪魔するくせがあるということさ。

**君が、高次のエネルギーボディーだった頃には、意図したことは瞬時に叶っていたし、いつでも、安堵していた。**

しかし、この地上では、そういうわけにもいかないから、君たちは夢や願いを持ったにもかかわらず、悩んだり、あきらめたりしたくなることがあるのさ。

それは、なんともったいないことだろう。

地上には、時間と空間と距離があるから、何かを思って、行動しても、形になるのに年月がかかることがあるのは当然さ。

だから、この地上では、夢や願いを叶えようとするとき、あせってはいけない。早く！　早く！　と、あせる必要はないんだ。あせったところで、時を得ていなければ、どうにもなりやしない。

それよりも、あきらめないことだよ、その時がくるまで！

**そして、君がわかっておかなくてはいけないことは、ただ、ひとつ！**

**早く叶えることが重要なのではなく、確実にそれを叶えることのほうが重要だということだ。とにかく、今世中にね。**

おっと！　もし、今世中に叶わなかったら来世でもいいか……などと、それに本気で向き合うまえに、そんな言葉を吐いちゃいけない。

今の君として、今の君の感覚として、今の夢や願いに生きることができるのは、今世だけだからさ。

次に生まれることを選ぶとしても、次の世では、君は、まったく違う君になっていることだろう。そして、まったく違う国に住み、まったく違う顔をし、まったく違う考えや感覚の中にいて、まったく違う夢や願いを持っていることだろう。

**いいかい！　魂は、順番をまちがえない！**

つまり、今世、君がわくわくみつけた夢や願いは、順番として、今世でやるべきものだと、伝えているのさ！

そして、言っておこう……

今世持った魂からの夢や願いであるならば、それをあきらめようとするとき、君は、もがくほど苦しい。そして、明日が見えなくなる。

光を失うとき、人は絶望するのさ。

夢や願いがあるからこそ、辛い日常や、なんの変哲もない日常を、元気に、明るく、パワフルに超えていけるということもあるんだよ。

魂は、君をいつでも導いている！　導くことを決して、やめない！

そう、君の魂の望む本当に叶えるべき幸せと安堵のある世界に、君を連れて行くまで！」

## 秘めてパワーを濃縮せよ☆そして、しっかり表出させよ！

「君が、〝魂の記憶の宝庫〟からやっとみつけた大切な夢や願いは、絶対に自分で壊してはいけない。他人にも壊されてはいけない。

そのためには、内側で育み、外側で必要な準備をするんだ！

それを、むやみに、他人に言う必要はない。

なぜなら、君がその夢や願いに対して、絶対的な気持ちで〝叶える！〟と、決めていないうち、そう、精神がやわなうちは、かんたんに、他人のいやな言葉で、気持ちをうち崩されるからね。

どんなに立派な夢や願いを持ったとしても、その夢が大きければ大きいほど、他人に言うたびに、鼻で笑われることになるだろう。

知っちゃいないのさ、誰も他人は。君の中に偉大な力や可能性があるということなど。

だからいちいち、言う必要はないんだよ。

**決して、エネルギーを奪われてはいけない！　エネルギーこそが現象化のもとなのだから！**

夢や願いを叶えるのは、君の中にある確信と、そこに存在する確信から生まれたエネルギーなんだ。それをパワーと呼ぶわけだけどね。

パワーのないものは、脆《もろ》く崩《くず》れ去るもの。

そして、伝えておこう！

いつでも、大切なことは、シークレットにすればするほど、大きなパワーと成就の魔法力になるのだと。

シークレットにした強い思いや願いや夢は、高次元の領域にダイレクトに届くことになり、その瞬間から、神秘サポートを受け取ることになり、君は円滑にすべてを運び、叶える！

シンクロニシティーという共時・共鳴現象が起こるのも、〝高次の領域〟と、〝君の無言の領域〟が、つながったサインとして、起こるのさ！」

## 高次の計画ではないものは、おじゃんになる⁉

レワードは、さっきまでのことを言い終えると、静かにフェードアウトした。しかし、言い忘れているものがあるというような感覚で、再び現れ、こう伝えてきた。

「君の夢や願いは、心からのものでないとね。頭の理屈で考えたものや、エゴや計算や、自分のまちがった欲求や支配欲からくるものだとしたら、君は、進むコースを間違えることになるだろう」


そのひとことを言ったあと、レワードは、一つ大きく深呼吸をし、落ち着いた低い声で、こう続けた。

「もし、その夢や願いが、頭の理屈で考えたものや、エゴや計算や、自分のまちがった欲求や支配欲からくるものだとしたら、きっと、君は、心からそれを楽しめやしないだろう。

なにか、どこか、抵抗があり、無理強いがあり、自分で尻を叩いても、すんなり前に出ることができないだろう。

なんらかの方法や戦略ばかりにとらわれて、それをやること自体を楽しめないのさ。それに、いつも、心のどこかに、不安や恐怖がつきまとうだろう。

そして、その不安や恐怖を打ち消すために、さらに自分に無理強いしようというわけさ。

しかし、不安や恐怖がベースになっている夢や願いであってはいけないんだ。それは、君を幸せにしない。きっと、もっと、何かが翳《かげ》りを見せることになるだろう。

そして、そうなると、エネルギッシュにはなれない。

本当の夢や願いには、それに向かいたくてしかたないという、衝動《しょうどう》があるし、それをせずにいられないという気持ちと行為がともなう。そして、そうすること自体が幸せなんだ。そこには〝魂のよろこび〟が絶対にあるもの。

そして、本当の夢や願いには、高次の介入がすかさず入るけれど、頭の理屈やエゴや計算からきたものや、不安や恐れがベースになっている夢や願いは、高次の介入がやってこない。それどころか、ますます素晴らしい自分から、自分の内なる高次の領域から、かけ離れてしまうことになる。

そうして、たいがい、うまくいかず、おじゃんになる。高次の計画でないものは、たいがい、早い段階で、おじゃんになる。

**いつでも、本当のものではないものは、壊れやすいのだ。**

といっても、それは、高次からの罰ではない！
むしろ、愛！　大きな愛と慈悲があってこそ！

『こんなものを、うまくいかせるわけにはいかないよ。
なぜなら、君は、それにかかわっても、ちっとも、幸せそうではないのだから。
むしろ、辛そうだから、いっそやめさせて、助けるよ』というわけさ」

## 停滞・キャンセルでさえ、大いなる守護のサイン‼

「どうか、勘違いしないで。僕たち高次の領域の存在は、サポートする人を選んでいるのではない！　この地上のあらゆる人をすべてサポートしている。

しかし、そのサポートに気づいてもらえるかどうかはわからない。わからないけれども、僕たちはサポートをやめない！」

そう言って、レワードは次のように話を続けた。

「僕たちは、すべての人を守っているからこそ、より光のある方へと、その人の魂が輝きを増す方へと、導くことができるんだ。

ときには、その道の途中で起こる出来事の中で、停滞も、キャンセルも、なにかが白紙になることも、おじゃんになることもある。

しかし、**それは、君のための、運命調整の一種さ。**

僕たちがまったくサポートしていないわけではない。

むしろ、そんな中でも、君は、つねに、大いなるサポートを受け取っている！

どうか、安心してほしい！

物事が思うように進まない、うまくいかない、停滞する、キャンセルになる、というこことを通して、君は、そこにある原因を見出し、一つ一つ必要な対処をし、それを乗り越えることができるんだ。

そういうものがあるおかげで、君は、まちがったままそれ以上、先に進まなくてもよく、その時点でのまちがいを正せ、そこで自分自身や何かを整え、成長させ、進化させ、すべてをクリアしてしまう力を手に入れる。その間に、機が熟し、すべてを完壁にすることができるんだ。

人間は、進んで行こうとするとき、何かが止められたり、停滞したりして、思うようにいかなくなると、すぐに、いやなことが起こったかのように思いがちだが、停滞はいやなことではないんだ。

ただ、途中経過において、必要な一つの出来事にすぎないんだ。
いやなものに感じるのは、理解不足だからだよ。

しかも、停滞があるからこそ、君は、未熟なまま、不完全なまま、おかしなものを抱えたまま、進まなくてもよくなるんだ。

最も怖いことは、そういった状態を抱えているとは知らずに、未熟なまま突き進んで、最後に大きなダメージを受けること。

しかし、高次のサポートは、親切極まりないんだ。君をその段階まで、放置せず、しっかり、止めてくれるのだからね。

……そう、愛があるからこそ！」

また、レワードはこうも言った。

「たとえば、何かがキャンセルになったとしても、いちいち落ち込んだり、心配したりする必要はないのさ。というのも、それは、そもそも、成り立つ必要のないものか、いま、かかわらなくてもいいこと、あるいは、君がしなくていいことだと伝えるサインでもあるからさ。

そして、もし何かがひとつキャンセルになったとしたら、むしろ、よろこんでほしい！

というのも、そのとき、高次のサポートは、かわりに、君が本当につかむべきもの、成り立たせるにふさわしい、もっと良いものを、すかさず、目の前に差し出してくれるからさ！

いいかい！　君の何かが、むやみに奪われたり、理由なくキャンセルになったり、おじゃんになったりは、しない。

それがなされるとしたら、そのとき、より高い理由があり、より高い別のもっと良いものが君のために準備されているということであり、君は、そのより良いものを受け取るために、余計なものを省かれたというだけなんだ。不要でよかったということになる。

しかし、それは、後になってからしかわからない。

けれども、そういう意味があるのだとわかっていれば、君は、何が起ころうと、俯《ふ》瞰《かん》して物事を観ることができる。何が起ころうと、いちいち不安になったり、揺れたりしない人になる。

そして、より落ち着き、より静けさの中にスムーズに入れ、より強力に、高次とのつながりを持てる人になり、より大きく守護され、サポートされ、望んだ状態をうまく叶える人になれる！」

## 君は、いつも守られ、導かれている！

「君は、いつも守られている。
それは、なぜ？　って。理由があって、守られているんじゃない。
**無条件に守られているんだ！　当然のこととして。**

なぜなら、僕のいる高次の領域と君は、君の心の奥の深い神秘の領域で、生まれる前からつながっており、ひとつだからさ。

君は大いなる愛によって守られていることを知らないがゆえに、ときどき、自分を無価値な人間だと思い、どうせ何もうまくいきやしないと落ち込み、生きていても面白くないことばかりだと、嘆く。

しかし、それは、君が、君を創造した領域、大いなる光の領域から、無条件に守られていると知らなかった、いや、自覚していなかったからであり、エネルギーボディーでいた頃のような、〝至福の幸せ〟をこの地上でも味わえることを、忘れていたからなんだよ。

光に向かうのをやめたときから、人は、希望を失い、よろこんで生きることを忘れる。そして、闇に手招きされがちになる。ああ、そうではいけないんだ！

**光は、君がそのままあるがままでいることの素晴らしさを自覚するとき、自分の中に最初から偉大な力があったことを思い出すとき、自分は祝福され生まれてきた価値ある存在であると認めるとき、瞬時に戻ってくる！**

また、自分を愛し、認め、癒し、手厚くケアするときや、よろこびに生きるとき、興味あることをわくわくすることを探求するとき、光は戻ってくる！

**光が戻ると、君の心が、目が、しっかり開き、向かうべき道もよく見えるようになる。**

ああ、わかっているさ、もちろん。生きづらい地上の暮らしに誰もがうんざりしていることを。しかし、だからといって、光を失い、守られていることを忘れたままでいるならば、君のエネルギーも、地球のエネルギーも、低下するだけで、良いことなど何もないさ。

状況がよくないのであればあるほど、まず、率先して、自分から明るくなる以外ないんだよ。そのとき、君はまず、もう自分を輝かせ、救ったことになる！

そして、いつでも、明るい心を持った者が、人の心を明るくし、世の中を明るくし、地上に光を増やしていける尊い存在となるのだから！」

## 地球の哀しみ☆それは、いま起きている危機的状況

「僕たちは、愛と正義の次元から、地球を、この地上に住む人類をサポートしている。そこには、自分の星さえよければという考えはない。一つでも不調をきたした星があるならば、全力で救いたいという愛と調和の精神なのさ。それを、地球に住む君たちは、忘れちゃいけないんだ！」

そう言って、レワードは、しばし沈黙したあと、わたしたち人間に、自分にとっての最善を生きるよう、そんなことも伝えてくれた。それは、きっと、この世のすべての人に役立つことになるだろう。

語られた話は、こうだった。

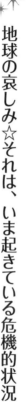

「もはや、君たちがいる地球の世界、人間社会は、危機的な状況である。きっと、日本にいる君たちは、まだ、その危機感を強くは感じていないだろう。たとえば、戦争が起こっているのは知らない遠くの世界であり、まだまだ日本は安全だなんてね。
しかし、高次の領域からみれば、目をふさぎたくなることばかりが蔓延しているのが現状さ。

社会は大きくズレ、狂い、エゴと間違った指揮のもと、世の中を動かしているのだから。

何が、もはや終わりなのか?……それは、知らないどこかの大きな組織ではない！
最も身近で、小さな、でも、大きな影響を放つ、家庭さ!!　家庭という最も安心できる場所が危険地帯になっていることこそ、危機的状態のサインなんだ！

**家庭のゆがみもひずみも、社会のゆがみもひずみも、最も弱い者に出る!!**

家庭での幼児虐待、学校での先生による無抵抗な生徒への虐待やいじめ、障害を持つ者や病院や施設に入っている弱者への暴力や性加害など……

もはや、そこに、美しい人間の姿は忘れられている……その悲しみこそ、地球の哀しみであると、僕たちの哀しみであると、誰が気づいているだろうか⁉

最も弱い者が生き辛い社会になり、家庭が恐怖になるならば、もはや、世も終わりなのだ。そのサインであるかのように、起きてはならないおぞましい事件や出来事が、地上には蔓延《まんえん》しているではないか！

そのことの危機感を、怖さを、多くの人たちは気づいていないのか？　あるいは、見て見ぬふりをするしかないのか⁉

おかしなことなんだよ。本来、家庭は最も癒され、やすらぎ、安心できる場所でなくてはならないのだからね。小さな子どもはどこに、誰に救いを求められるというのだろうか？

外の世界でどんなに辛いことがあっても、家庭の中だけは自分を愛する者が待ってくれている、何よりもどこよりも安らげる、守られる、というのが家庭の本当の姿であったはずなんだ。

しかし、どうだろう……地上では危うい状態が続いてやまない……親が子を殺《あや》め、子が親を殺め、兄弟姉妹が殺め……などと。

最もか弱い赤ちゃんや幼児が、あろうことか親の手によって虐待され、殺められるというのは、ありえないこと。

それは、一種の珍しい事件、その人たちだけの問題、というのではなく、社会全体の、人類全体の問題なのだと、その崩れゆく社会の気配を感じ取ってほしい。

すべての間違いのひずみと、そのサインは、最も弱いところから現れる！

たとえば、父親の父性、母親の母性の欠如、我が子を無条件に愛する心の欠如は、家庭崩壊、人生崩壊、社会崩壊の、危機を示す証拠であり、その一端をみて、人間の狂い、社会の狂いが出ていることを察知すべきであり、察知した者から、修正していく必要があるんだ。

といっても、たった一人の人間が、立ち上がって何かを叫び、指揮することは、いまの君たちには難しいのかもしれない。

そこでだ、そんな中にいる君たち人間にいますぐできる唯一のことは何かを高次から伝える必要があったんだよ。

**そう、世の中が危機的状況にあるならば、そのまま流されてはいけない！**

**そのために、人間ひとりひとりが危機的状況を自覚し、そこからできることは、〝人間、ひとり、ひとり、個々が、個々に、自分の心の内側から、外側を立て直していく〟ということさ。**

そうでないなら、誰にとっても幸福は、長くは続かないだろう……

それについて、最も大切なことは、ひとりひとりのあり方なんだ！」

そういって話してくれたことを、次の項でお伝えしよう。

## 人間、個々がすべき生き方とは⁉

「個々が、個々に、自分を立て直すには、まず、一人一人が自分の命を大切にすること。そして、自分自身を癒し、励まし、ケアし、優しくし、愛し、認め、自分という個性を認め、自分という人間の素晴らしさを、自分が精いっぱいまっとうすることさ。

いま与えられている仕事や生き方があるなら、それをこなそう。それが不本意なら、自発的により良くなるための、変化を起こせ！

**自分ができるところから、自分を引き上げていくしかないんだ。といっても、これは、地上での価値とされがちな、地位や名誉のことを言っているんじゃない。精神的に！　だ。**

良い精神なくして、良い人生は、築けない。

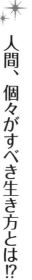

良い精神を築かずして、君たちのこの地上での真の幸せも豊かさもない！

もし、良い精神を築くことなしに、何かを手に入れようとするならば、それを長く良い形で保つことはできないだろう。

良い精神とは、自他ともに大切にし、愛し、思いやる、質の高い、高次に通じる精神に他ならない。ピュアに、純粋に、素直に、心から、平和に調和しようという精神が、絶対に必要なんだ。

それがないから、かんたんに人と人はいがみあい、争いあい、傷つけあい、壊しあうことになるのだからね。

そんなバカげた生き方は、やめないか？

人間が、人間にとってもっとも大切なものは、心の素晴らしさ、精神性の高さであると気づいていたなら、社会はもっと違った形になっていただろう……

僕たち惑星は、愛と正義であり、そこには、調和の精神が満ちている。それゆえ、宇宙の惑星は、星々は、保ちあえるのさ。高い精神的エネルギーがあってこそ！

また、人がおかしくなるきっかけは、いつでも、自分と他人を比べることから始まる。それをやめるんだ。

他人に見せるためだけの、かっこつけた、意味のない生き方をしちゃいけない。君にとっての本当の幸せは、他者の価値観、社会的評価ではない。

**必要なのは、心の平安だ‼　安堵だ‼　やすらぎだ‼　君の放つエネルギーだ！**

それがないなら、この地上でどんな暮らしを叶えようとも、人間という魂を持った存在、本当は清く気高い高次の精神を持つ人間にとっては、意味がないのだと、やがて、自分自身が悟ることになるだろう」

# 愛する君に贈る☆光につながるメッセージ

締め切りの日、ラストのページを、わたしは書けずにいた。
それは、レワードから言葉をもらいたいとしていたからだ。

わたしは、待っていた。交信のその瞬間を。
そして、レワードも待っていた。

そう、バタバタと続くセッションを終え、仕事の打ち合わせや、編集者とのやりとり、デザイナーが仕上げてくれたカバーデザインの修正確認など、すべきことを終えて、わたしが落ち着くそのときを。

忙しいすべてのことをかたづけたその瞬間、わたしは、ひとり、部屋の中にいた。

心地よい疲労感と解放感の中、ラストの原稿だけを残して。

そして、わたしは、呼んだ。

「レワード！ すべて書き終えたよ！ でも、ラストの原稿には、やはりあなたの言葉がほしいの……」

すると、レワードは、いつになく、とても、とても、ゆっくりとしたスローモーションの中、その美しい姿に、まぶしい光を放ちながら、ゆっくり、ゆっくり、そっと、わたしの前に姿を現した。

こちらに向けられたそのまなざしは、いつものように、なんともいえない大きな愛に満ち、深い、深い、慈悲をたずさえ、美しく潤んでいた。

そして、そっと、こう言った。

「なみ……君は、やったね。それでいい……上出来さ」

「レワード教えて……あなたのように深い愛に満ちた存在、光になるには、どうすればいい？」

するとレワードは、その美しい瞳に、なぜか涙をたくさん浮かばせ、それでも、絶対に忘れないその優しいまなざしで、こう語ってくれた。

「……どんな争いも、障害も、まず、はじめは、心の内から起こるんだ。

最初、外側には何もない……

そのことの真理をまだ理解できていない人間が多いだろう……

そして、なみ、君の聞きたいことに答えるとするならば……

哀しみを抱えてはじめて、人は愛を大きくできるということだよ。

**真の愛と正義は、いつでも、哀しみから生まれる！**

……愛する者の哀しみが、自分自身の哀しみとなる……
愛する者が痛み、傷ついているとき、そのまま自分自身の痛みに、哀しみになるのさ……

わかるだろう？

哀しみの中に、本当の愛と正義があると、僕は君に何度も言った……
君はそのたび、泣いていたね。

**多くの哀しみを抱えることで、人は、愛を大きくできる。そして、誰よりも優しくなれるんだ。深い、深い、慈悲とともに。**

哀しみは、人の心を憂いで満たす……憂い哀しむことで、人はその中にあるものにもそっと注目することができ、それを乗り越える術をも自然に得るんだ。
そして、心の力を、魂の力を、真の愛を、たずさえる人になっていく！」

「レワード……哀しみは、重要なのね？」

「ああ、そうとも。それなくして、人は思いやりを育めないだろう……
たとえば、僕が君をみつめるとき、いつも、憂い哀しみとともに、愛したい、守りたい気持ちになるのは、君の哀しみがわかるからさ。
そして、僕が地球をみつめるたびに、いつも、憂い哀しみ、それとともに、この地球を愛したい、守りたい気持ちになるのは、それもまた、地球の哀しみを、この宇宙の哀しみを、わかるからさ。

わかるからこそ、理解があるからこそ、そのものを救うにはどうすればいいのかと心から思え、実行できる勇気を持てるようになるんだよ。

いいかい！　**愛は、必ず、実際の行為をともなう！**

行為のない愛はないんだ。愛があれば、その愛する者のためになんとかしてやりたい！　というものが、衝動として心の奥深くから湧き上がり、いてもたってもいられず、行動してしまうしかなくなるのだからね。

ああ……僕は、あの日、君にコンタクトする勇気を持ってよかったよ。行動を君に見せてよかったよ。

そして、だからこそ、君も、実際、こうして、行動したのだからね！

君の中にも、君自身の哀しみがあり、君の中にも地球への哀しみがあり、この宇宙の中で存在する者としての哀しみがあり、同時に、愛がある！

だから、行動ができるんだ！

愛はいつでも、行為をともなう！　それを忘れないでいて！

そうすれば、いつでも、君たち地上の人間は、真の愛と正義の者となり、この美しい青い地球を救うスターティング・メンバーともなり、ひとりひとりが自分に合った形で活躍し、やがて、この地上に〝黄金の足跡〟を残すことになるのだから！」


そして、レワードは、消えゆく前に、こう言い放った。


「大いなる者たちよ！　この地上に勇気を持って降りてきた僕らの仲間よ、兄弟姉妹よ、つながったスター・シードたちよ、まずは君自身をまっとうせよ！

そして、君の、君らしい人生を、まっとうせよ！　そして、君のすべてを、君自身の真の幸せと豊かな生き方のために、地球のために、開花せよ！

そして、心にそっと刻んでおいてほしい……

君たちの住む、美しい青い地球のそのブルーは、忘れてはならない人類の、宇宙の、哀しみであり、大いなる慈愛に満ちた、愛の姿だと!!」

愛を込めた「あとがき」

## 〝愛を知る者は、無条件に強くなる〟

### レワードへの伝言☆めぐり逢えてよかった！
### 美しいエネルギーの中で

レワードは、ラストの原稿への言葉をくれたあと、いつものようにフェードアウトした。

そして、いつものようにわたしは、レワードが現れてもうれしくて泣き、消えても、さみしくて泣く……そんな状態の中にいた。

ああ……これで、すべてが終わった？

いや、そうではない。むしろ、ここからがすべての始まりのような気がしてならない。

でも、いったい、わたしは、次に何をすればいい？

レワードは、まだまだ、きっと、わたしに何かを伝えに来るに違いない。そして、だからこそ、わたしは交信をやめない！

それは、愛する人に会いたいから、ずっとつながっていたいから！

そんな気持ちがあるからこそ。彼の言葉はすべて聞きたい!!

それにしても、こんなことが本当にあるなんていうことは、わたし自身が一番信じがたい気持ちになっている。この本を書き上げたとしてもね。

さぁ、どうしよう⁉
ここから先、わたしは何を見出し、何を書くのだろう……

きっと、そのときも、また、高次元からの慈愛に満ちた誘いがあるにちがいない！
だから、わたしは、日常のどんなことにも、敏感でいよう！
いや、日常のすべての場面をリラックスして、みつめていよう！

きっと、また、まもなく、彼は、やってくる！
わたしの、ほんの、一瞬の、無音の、空白の、真空状態をみつけて♪

２０２４年　５月

ミラクルハッピー　佳川奈未《よしかわなみ》

佳川奈未　最新著作一覧☆

◇『復活新版「宇宙銀行」から好きなだけ♪お金を引き出す方法☆』　ヒカルランド
◇『願いが叶うスピリチュアルシークレット』　ヒカルランド
◇『「帝王学」をみかたにつける超☆開運法』　ビジネス社
◇『宇宙は「現象」を通してあなたに語る』　ビジネス社
◇『「神様」はこうしてあなたを導いている！』　ビジネス社
◇『「白蛇さま」が教えてくれた☆お金に恵まれる生き方』　ビジネス社
◇『佳川奈未の霊界通信☆』　ビジネス社
◇『あなたの願いがいきなり叶う☆「ヴォイドの法則」』　ビジネス社
◇『「お金」は、スピードに乗ってやってくる！』　ビジネス社
◇『人生が整う「ひとり時間」の過ごし方☆』　ビジネス社
◇『自分の病気は自分で治す！』　ビジネス社
◇『成功チャンネル』　マガジンハウス
◇『幸運予告☆世界一ハッピーなこれが本当の惹き寄せの法則』　マガジンハウス
◇『幸運 Gift ☆』☆作詞家＆歌手デビューシングル CD 付　マガジンハウス
◇『恋愛革命』　PHP 研究所
◇『「運命の人」は探すのをやめると現れる』　PHP 研究所
◇『望みのすべてを必然的に惹き寄せる方法』　PHP 研究所
◇『船井幸雄と佳川奈未の超★幸福論』　ダイヤモンド社
◇『運のいい人がやっている「気持ちの整理術」』　講談社
◇『怒るのをやめると奇跡が起こる♪』　講談社
◇『大自然に習う古くて新しい生き方　人生の教訓』　青春出版社
◇『ほとんど翌日　願いが叶う！　シフトの法則』　青春出版社
◇『ほとんど毎日　運がよくなる！　勝負メシ』　青春出版社
◇『お金持ちが持っている富の循環☆スピリチュアル・マネー』　青春出版社
◇『「いいこと」ばかりが起こりだす　スピリチュアル・ゾーン』　青春出版社
◇『約束された運命が動きだす　スピリチュアル・ミッション』　青春出版社
◇『あなたの意のまま願いが叶う☆クォンタム・フィールド』　青春出版社
◇『あなたの内なる神の声を聞く方法☆』　青春出版社
◇『願いはあなたのお部屋が叶えてくれる』　青春出版社

※佳川奈未のその他の著書、個人セッションや講座等は、
公式サイトをご覧ください。
★佳川奈未公式☆奇跡が起こるホームページ
http://miracle-happy.com/

★佳川奈未公式オフィシャルサイト
『ミラクルハッピーなみちゃんの奇跡が起こるホームページ』
http://miracle-happy.com/

★佳川奈未プロデュース☆　本とセレクトグッズの公式通販サイト
『ミラクルハッピー百貨店』HP
http://miraclehappy-store24.com/

★佳川奈未の個人セッション・電話de鑑定・各種講座が受けられる！
佳川奈未プロデュース＆主宰☆心と体と魂に優しい生き方を叶える！
『ホリスティックライフビジョンカレッジ』HP
http://holistic-life-vision24.com/

★佳川奈未インスタグラム
https://www.instagram.com/yoshikawanami24/

★佳川奈未　公式オフィシャルブログ（アメブロ公式）
https://ameblo.jp/miracle-happy-ny24/

佳川奈未　よしかわ なみ
作家・作詞家。神戸生まれ、東京在住。

株式会社クリエイティブエージェンシー　会長。

「心」と「体」と「魂」に優しい生き方を叶える！

「ホリスティックライフビジョンカレッジ」主宰。

心の法則、大自然の法則、宇宙の法則をベースに、生き方・願望実現・お金・恋愛・成功・幸運をテーマにした著書の単行本、文庫本、ムック、コミック原作本、電子書籍、POD ブック、DVD 付ブック、トーク CD など、その豊富な作品数は、約360点（2024年５月現在）。海外でも多数翻訳出版されている。

アンドリュー・カーネギーやナポレオン・ヒルの「成功哲学」「人間影響心理学」、ジョセフ・マーフィー博士の「潜在意識理論」などを30年にわたり研鑽。

また、「易経」「運命学」などの研究も続けている。

それらの学びと実践から独自の成果法を確立させ、「夢を叶える自己実現」「成功感性の磨き方」「幸せな生き方」「豊かになる方法」を展開。人々の理想のライフワーク実現のサポートに取り組んでいる。

執筆活動の他、ディナーショーや公演、講演、セミナー、トークショー、音楽ライブ、音声配信番組などでも活躍。

エイベックスより「幸運 Gift ☆」で作詞と歌を担当し、作詞家＆歌手デビューも果たす（デビュー曲はエイベックス＆マガジンハウス夢のコラボ CD 付 Book『幸運 Gift ☆』として発売）。JASRAC 登録作詞家。


精神世界にも大いに精通。

2009年には、高野山真言宗のお寺にて得度。

大阿闍梨より、僧名：慈観（じかん）を拝受。

レイキ・ヒーラー。エネルギーワーカー・チャネラー。

ホリスティック・レイキ・マスターティーチャー。

慈善事業にも理解を示し、国内・海外問わず、印税の一部を価値ある団体に寄付し続けている。

また、主宰する「ホリスティックライフビジョンカレッジ」にて、個人セッション・電話 de 鑑定・各種講座を開催。

近著に『復活新版「宇宙銀行」から好きなだけ♪お金を引き出す方法☆』（ヒカルランド）、『「帝王学」をみかたにつける超☆開運法』『佳川奈未の霊界通信☆』（以上、ビジネス社）、『願いはあなたのお部屋が叶えてくれる』『あなたの意のまま願いが叶う☆クォンタム・フィールド』（以上、青春出版社）など、多数あり。

# 金星☆生命体レワードとの交信記録
## 高次元とつながり、幸せに豊かに生きる方法☆

第一刷 2024年5月31日

著者 佳川奈未

発行人 石井健資
発行所 株式会社ヒカルランド
〒162-0821 東京都新宿区津久戸町3-11 TH1ビル6F
電話 03-6265-0852 ファックス 03-6265-0853
http://www.hikaruland.co.jp info@hikaruland.co.jp
振替 00180-8-496587
本文・カバー・製本 中央精版印刷株式会社
DTP 株式会社キャップス
編集担当 岡部智子


ISBN978-4-86742-371-4